- 浙江省 2008 年高等教育教学改革研究项目
  "高职经贸类项目课程研究"成果
- 2008 年教育部高职高专工商管理类教指委精品课程
- 2008 年教育部高职高专工商管理类教指委市场营销大赛一等奖

市场营销与策划

主　编　周文根（浙江经贸职业技术学院）
　　　　徐之江（雪花啤酒浙江区域公司营销中心）
主　审　徐国庆（华东师范大学）
副主编　梁海红（浙江经贸职业技术学院）

ZHEJIANG UNIVERSITY PRESS
浙江大学出版社

市场营销与策划

序　言

浙江经贸职业技术学院从 2006 年开始,在市场营销、电子商务两个专业实施项目课程改革的试点。在华东师范大学徐国庆博士的指导下,从职业岗位任务分析入手,制定了市场营销与策划课程标准。并按照新的课程标准,对主要专业核心课程进行项目化课程改革。市场营销与策划就是其中的一门课程。这项项目课程改革被列入 2008 年浙江省高等教育教学改革项目。

1. 课程的地位与性质

市场营销与策划是市场营销专业的核心课程。市场营销专业的学生,毕业后无论从事哪种营销岗位,都应该对企业的总体营销活动过程有一个全面的了解。这能使得他所从事的某一具体营销岗位工作能够与企业的总体营销思路相一致;了解其他营销部门和营销岗位的工作任务,懂得怎样与其他工作任务的衔接与配合;也为他的营销岗位迁移与岗位提升作基本素质、能力和知识的铺垫。

2. 课程改革的指导思想

市场营销学的知识体系经过多年的总结和提炼,已经相当成熟。目前无论国外市场营销学教材,还是国内广泛使用的各类市场营销学教材,体系基本相同。这个知识体系是对企业营销活动的理论总结,是一个典型的学科型知识编排格式。

为了寻求市场营销与策划课程的改革方向和思路,我们选取了 20 个有代表性的浙江企业,实地进行人才需求调研。明确了企业市场营销类岗位的 13 个具体工种的工作内容、工作方式以及相应的职业能力要求。调研后我们发现,无论哪个营销岗位,都应该具备最基本的营销岗位通用职业能力。这些通用职业能力既是学生学习其他营销操作技能的必要准备,也是学生今后进行营销岗位迁移和提升的必要准备和铺垫。市场营销与策划即是营销类岗位的通用能力之一。

根据以建立基于工作过程为导向的高职教育课程改革思路,本课程把企业营销活动的主要内容设置成若干个工作任务,以工作任务和产品项目为载体,以学生自己做为主,实现教学做一体化,达到"做中学,学中做",始终把学生置于学习的主角,教师做配角。学生通过做各类产品营销项目,亲身体验营销感悟,掌握营销技能,学习营销知识。达到"愿意学、学得进、记得牢、用得上"的教学目的。

3. 课程内容的选择依据

"5W1H 法"是企业普遍采用的消费者购买行为分析方法。它研究的是消费者为什么购买(why)、谁来购买(who)、在哪里购买(where)、在什么时间购买(when)、购买什么(what)以及如何购买(how)等 6 个问题。"为什么购买"研究的是消费者购买的原因;"谁来购买"研究的是目标消费者是谁;"在哪里购买"研究的是消费者购买产品的场所;"购买什么"研究的是消费者购买时对产品有哪些要求,尤其是品牌方面的要求;"如何购买"研究的是消费者的购买过程。根据这个分析方法,企业营销决策相应地设置了6个模块,即6P模式:消费者(people)需求分析、目标市场与市场定位(position)、产品策略(product)、定价策略(price)、渠道策略(place)、品牌推广与销售促进(promotion)策略。"为什么购买"和"如何购买"的问题主要由消费者需求分析模块中解决;"谁来购买"主要由市场细分与市场定位模块解决;"在哪里购买"主要由渠道策略模块解决;"购买什么"主要由产品策略解决;"在什么时间购买"则主要由促销策略模块解决。建立在消费者购买行为分析基础上的各个营销决策模块,各自之间既保持一定的独立性,也保持相互的连接性。同时增加了企业营销环境分析的相关内容。

4.课程的教学目标

通过本课程的学习,学生全面了解企业营销活动的基本内容;树立以顾客需求为导向的营销观念;能够完成相关的营销工作任务。具体工作任务有:(1)能够对所营销的产品做出消费者需求分析;(2)能够对所营销的产品做出营销环境的分析;(3)能够对所营销的产品进行目标市场的选择与产品的市场定位;(4)能够对所营销的产品进行产品策略决策;(5)能够对所营销的产品进行合适的定价;(6)能够对营销的产品设计渠道和对渠道进行有效的管理;(7)能够组织和实施品牌推广与销售促进活动;(8)能够根据企业营销的要求,编制简单的营销策划方案;(9)能够对企业的实际营销活动进行总结和评价。

5.课程教学方法

本课程采用项目教学法。按照"特殊——一般—特殊"的学习原则,首先在第一个特殊阶段,通过代表性的个案项目训练学生的岗位技能;接着在个案项目训练的基础上,由教师对涉及技能的相关知识进行介绍,并对产品项目完成情况进行点评,完成从特殊项目向一般规律的转变。使学生不仅能够做某个具体项目,而且能够掌握做此类项目的一般依据,从而能够举一反三,完成职业技能的迁移。

6.产品的选取

我们选取了3个快速消费品产品,即方便面、啤酒、衬衫;2个耐用消费品产品即轿车、住房。共5个产品作为训练项目产品。学生通过对这5个代表性产品的营销训练,不仅掌握了这5种产品的营销流程和营销技能,而且能够触类旁通、举一反三,能够做其他产品的营销与策划。

7.课程架构

本课程采用"情境—工作任务—项目"的三层架构。本课程设置了9个情境。每个情境设置了若干工作任务。每个工作任务下面按产品设置了若干项目。

如:情境一 消费者需求分析

工作任务一 购买原因分析

项目1:方便面购买原因分析

项目 2:啤酒购买原因分析

项目 3:衬衫购买原因分析

项目 4:轿车购买原因分析

项目 5:住房购买原因分析

在学生完成项目之后,由教师按照项目进行必要的点评。点评内容包括涉及这个项目必要的营销知识和技能;对学生项目完成情况进行点评。

8.课程教学条件

由于采用产品项目教学,需建立相应的课程教学条件,主要包括:

(1)懂得项目教学的专业教师。在上课前,教师应该到企业进行一段时间的营销实践。同时要学习相关的职业教育课程理论,掌握项目课程的设计与教学技能。能够按照工作任务,根据本地区行业发展的实际需要,设计相应的教学项目。

(2)具有团队协作的学习小组。建议采用企业营销组织的构架,和项目学习的需要,设置若干个产品营销部,如方便面营销部、啤酒营销部、轿车营销部、房地产营销部等,设部经理 1 名,副经理 2 名。每个产品营销部下设若个项目组,每组 3~5 人,设组长 1 人。

(3)设置项目教学专用教室。教室按产品营销部格局布置,配备电脑、网络、圆桌、投影仪、产品实物等。

(4)关系密切的校外实训基地。在课程教学中,需要经常组织学生到企业进行实地访谈、企业人员到校内讲课等。

本教材由浙江经贸职业技术学院副院长、市场营销省级专业带头人、教育部高职高专工商管理类教指委市场营销分指委副主任周文根教授和雪花啤酒浙江区域公司营销中心总经理徐之江主编,由华东师范大学职业教育课程专家徐国庆博士主审。参加编写的有浙江经贸职业技术学院市场营销与策划课程组的颜青副教授、梁海红讲师、张西华讲师、何雪英讲师;雪花啤酒浙江区域营销中心营销副总经理杨翔等。在编写过程中,上海商学院管理学院院长宋文官教授、教育部高职高专工商管理类教指委主任卢昌崇教授、深圳职业技术学院窦志铭教授等给予了许多的指导和启迪。本教材得到了浙江经贸职业技术学院课程建设专项经费的支持。在此一并表示感谢!

编　者

2009-2-14 于杭州

目 录
Contents

情境一　消费者需求分析

　　企业营销的目的是为了把产品或服务卖给消费者。消费者之所以购买企业的产品或服务,是因为他从中得到需求的满足。从企业的角度而言,产品能不能卖出去,关键在于产品是否满足了消费者的需求。如果产品合乎消费者的心意,消费者就会购买。所以,企业营销活动首先必须把所面对的消费者的需求搞清楚。换言之,研究消费者需求是企业营销活动的基础性工作。

　　本情境以方便面、啤酒、衬衫、家庭轿车、房子等为典型性产品,根据企业对消费者需求分析的一般流程,把消费者需求分析分为四个工作任务,即购买原因分析、购买内容分析、购买过程分析、购买习惯分析,对其消费需求进行全面分析。

■工作任务一　熟悉产品

　　在对产品进行营销流程分析之前,首先要熟悉产品。熟悉的内容主要应包括产品的用途、性能、质量标准、分类、市场规模、品牌等情况。

项目1:熟悉方便面

　　通过网络搜集、实地调查等手段,了解我国方便面产品的基本情况,内容主要包括方便面的用途、性能、质量标准、分类、市场规模、品牌等情况。撰写一份关于方便面产品介绍的报告。(2000字)

项目2：了解啤酒

通过网络搜集、实地调查等手段，了解我国啤酒产品的基本情况，内容主要包括方便面的用途、性能、质量标准、分类、市场规模、品牌等情况。撰写一份关于啤酒产品介绍的报告。（2000字）

项目3：了解衬衫

通过网络搜集、实地调查等手段，了解我国衬衫产品的基本情况内容，主要包括衬衫的用途、性能、质量标准、分类、市场规模、品牌等情况。撰写一份关于衬衫产品介绍的报告。（2000字）

项目 4：了解轿车

通过网络搜集、实地调查等手段，了解我国轿车产品的基本情况，主要包括轿车的用途、性能、质量标准、分类、市场规模、品牌等情况。撰写一份关于轿车产品介绍的报告。（2000 字）

项目 5：了解房子

通过网络搜集、实地调查等手段，了解杭州市住房产品的基本情况，主要包括住房的用途、性能、质量标准、分类、市场规模、品牌等情况。撰写一份关于房子产品介绍的报告。（2000 字）

杭州西溪蝶园外观图

杭州金都城市芯宇外观图

杭州欣盛·东方郡外观图

杭州华艺星座外观图

■工作任务二　购买原因分析

消费者购买产品是有原因的,而且有多种原因。本工作任务是要回答消费者为什么购买的问题。我们把购买原因分成核心原因和派生原因两种。所谓核心原因是指购买某种产品时对这种产品最基本的需求。如吃饭最核心的原因是为了充饥,解决肚子饿的需求;到外地出差住酒店最核心的原因是为了解决有地方住的问题等等。而派生原因是除核心原因以外的其他原因。如吃饭不仅有填饱肚子的核心需求,而且还有营养、卫生、口味、就餐环境、价格等方面的派生需求。住酒店不仅仅是指要求有地方住,而且要住得舒适、卫生、安全、价格便宜等等。

项目1:方便面购买原因分析

我国是一个方便面消费大国。每年的方便面消费量位居世界第一。方便面已成为日常食品消费中的常见品种之一。那么人们为什么要购买方便面作为食品呢? 这就是购买原因分析。

请选出购买方便面的原因:(根据自己的理解选择,请在所选项目前打钩)

1.充饥　2.保暖　3.食用方便　4.便宜　5.营养　6.味道好　7.有面子
8.其他。

其中属于核心原因的是:＿＿＿＿＿＿＿＿＿＿＿＿＿＿＿＿＿＿＿＿。

属于派生原因的是：_____。

项目2：啤酒购买原因分析

请选出购买啤酒的原因：（根据自己的理解选择，请在所选项目前打钩）

1.充饥 2.保暖 3.解渴 4.营养 5.有酒的味道 6.味道好 9.有面子
8.保健 9.其他

其中属于核心原因的是：_____。

属于派生原因的是：_____。

项目3：衬衫购买原因分析

请列举购买衬衫的原因：（根据自己的理解选择，请在所选项目前打钩）

1.保暖 2.美观 3.舒适 4.随大流 5.有面子 6.其他

其中属于核心原因的是：_____。

属于派生原因的是：_____。

项目4：家庭轿车购买原因分析

请列举购买家庭轿车的原因：（根据自己的理解选择，请在所选项目前打钩）

1.交通工具 2.方便 3.省时 4.随大流 5.有面子 6.生产资料
7.其他

其中属于核心原因的是：_____。

属于派生原因的是：_____。

项目5：房子购买原因分析

请列举购买房子的原因：（根据自己的理解选择，请在所选项目前打钩）

1.住所 2.增加生活稳定性 3.财富的象征 4.随大流 5.投资
6.其他

其中属于核心原因的是：_____。

属于派生原因的是：_____。

▉教师讲解

消费需求的原因

首先对本项目所涉及的知识和技能进行讲解；然后对项目进行具体点评。

任何消费行为，都是由消费者的需求引起的。人感到饿了，要买食品吃；人感到冷了，要买衣服穿。企业在营销活动中，首先必须应该把消费者的购买原因分析清楚，才能为制定适合的营销策略做好准备。

所谓消费者需求，是指人们为了满足物质和文化生活的需要而对物质产品和服务的具有货币支付能力的欲望和购买能力的总和。

消费需求可以从多个方面进行分类。

第一种分类:物质需求和精神需求。这是一种常见的需求分类方法。比如我们经常讲"大力发展社会生产力,提高经济发展水平,充分满足人民群众日益增长的物质需求和精神需求"。在这里,把消费者需求分成物质需求和精神需求。

在物质比较匮乏的时代,物质需要是第一位的消费需要。而随着物质的日益丰富,人们的物质生活水平的提高,人们对精神需求越来越高。

第二种分类:生理的需要、安全的需要、社会的需要、尊重的需要和自我实现的需要。这是目前在市场营销领域比较采用的需求分类方法。这种需求分类方法是由德国心理学家马斯洛提出的。他依据需求强度的次序,将人类的需求分为五个层次:生理需要、安全需要、社会需要、尊重需要和自我实现需要,这五种层次的排列见图1.1所示。这就是著名的需求层次理论。

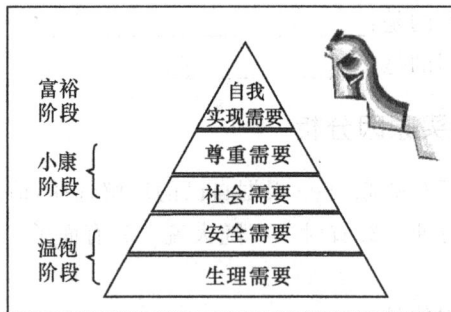

图 1.1　马斯洛需求层次模式

（1）生理需要。这是指人类为了生存、维持生命而产生的最低限度的基本需求,如满足饥饿、防寒、睡眠等方面的需求。（2）安全需要。这是指人们为了保障身体安全,以免遭受危险和威胁而产生的需求,如对人身、财产保险的需求,对保健品、医药品等的需求。（3）社会需要。这是指人们在社会生活中重视人与人之间的交往,希望成为某个集团或组织的成员,得到同事的尊重和友情而产生的需求,如对鲜花、礼品等的需求。（4）尊重需要。这是指人类所具有的自尊心和荣誉感,对名誉、地位的欲望及个人能力和成就能得到表现,并能为社会所承认的需求。包括威望、成就、自尊、被人尊重、显示身份等需求,如有的人购买别墅或高级轿车以显示自己的地位和富有。（5）自我实现需要。这是人类的高级需求,包括对获得成就的欲望,对个人行使自主权,对理想、哲学观念的需求。自我实现的需要往往与受表扬的需求、追求地位的需求密不可分,人们都希望以不同的方式显示自己的成就。

其理论的要点为:①每个人同时都有许多需求;②这些需求的重要性不同,可按阶梯排列;③人总是先满足最重要的需求;④人的需求从低级到高级具有不同的层次,只有当低一级的需求得到基本满足时,才会产生高一级需求。一般说来,需求强度的大小和需求层次的高低成反比,即需求的层次越低,其强度越大。人的需求在同一时间不可能得到满足,马斯洛通过研究发现,一般人只要在生理需求方面能获得80％的需求便感到满足,安全需求得到70％,社会需求得到50％,自尊需求得到40％,自我实现需求得到30％便感到满足。马斯洛认为:一种没有得到满足的需求,便成为消费者购买行为的推动力。需求未得到满足前,人们都有一种紧张、恐惧、不安的表现,需求满足后,也就减少了对行为的刺激作用。

我们对上述项目中的产品需求进行简单的分析。购买方便面,主要满足了人们的生理需要,即充饥的需要。购买啤酒,主要也是为了满足人们的生理需要,但同时也包含了尊重的需要。人们在经济条件许可的情况下,一般愿意购买比较高档的啤酒,尤其在公共消费场所,以显示自己的经济实力,希望得到人们的尊重。购买轿车,主要是为了节省时间,但同时也在一定程度上显示自己的财富,如在经济条件许可的情况下,人们一般愿意购买档次高一些的轿车,以期得到人们的尊重。这也是我们经常讲的炫耀性购买动机。这实际上也是一种精神需要。

在营销中还经常被提及的需求分类是现实需求和潜在需求。从欲望满足的程度来划分,消费需求可以分为潜在的需求和有支付能力的需求。潜在需求是指人们对现存的产品和劳务还不能满足其需求,或者由于某种条件暂时不能构成现实的、有支付能力的要求。人们的这种需要,受社会生产能力和消费者支付能力的制约,不一定能得到充分的满足。前者是消费者"想买而买不到";后者是消费者"想买而买不起"。随着科技的进步,生产力水平的提高,想买而买不到的情况会越来越少。但科技与经济发展到一定程度后,几乎不存在"想买而买不到"的情形。市场上的商品琳琅满目,供应十分丰富,想买什么,就有什么。生产与供应跟不上消费的情况会比较鲜见。因此,大量的情况是"想买而买不起"。从消费者个人来讲,大多数人们的购买力还有限。因而,人们日益增长的需求有很多是属于潜在需求,在目前还暂时得不到满足。随着人民群众的购买能力逐步提高,这种消费需求的满足程度将会不断增强。

现实需求与潜在需求理论,要求企业在进行营销活动时,要充分考虑消费者的购买能力。当产品价格水平超出消费者的接受能力时,尽管消费者有很强的需求,他也不可能采取购买行为。需求只能是一种潜在需求,而不可能转变为现实需求。比如过高的房价使得一些买房欲望很强烈的消费者只能望而却步,购房欲望只能停留在潜在需求阶段,而无法转变成现实需求。当然这也意味着企业的产品不能卖出去。

在这里尤其需要注意的是需求强度的问题。从上可知,消费者购买商品时会有许多种购买的原因,或者说有多种考虑的因素。但这些原因在消费者心中的重要程度是不同的。有的是主要的原因,有的则是次要的原因,有的则是一般的原因。一般而言,消费者会把主要原因放在前面考虑。例如购买方便面主要是为了充饥、方便。而至于是否营养,消费者不会作为重要的因素来考虑。所以有一段时间,许多方便面生产厂家把"营养好"作为产品的卖点,对调动消费者购买愿望的效果并不明显。倒是一些厂家把袋装改为桶装，方便了人们的食用，受到了消费者的欢迎。当然，不同的消费者对某种产品的需求重点是有所不同的。例如对方便面的需求，农村消费者由于受经济条件的制约，对方便面的需求更多的应该是生理需求，因此只要产品具有基本功能，能够满足他们最基本的需求就行了。也就是说只需要方便面能管吃饱、价格便宜就行了，在产品的口味、包装等其他方面并没有其他过多的要求。根据这种消费需求的不同点，华龙方便面分别推出了"农村战略"和"城市战略"。针对农村市场消费者群体的需求特点，华龙简化包装以及调料包，以低价格进军农村市场。真正以农村需求为导向，满足农民对方便面的基本要求：填饱肚子、价格便宜。短短三四年的时间，华龙就异军突起，稳稳地占领了农村低端方便面市场。

而为了满足大中城市消费者的需求，华龙方便面在大中城市提出"今麦郎"弹面，包装、口味、产品特色等下工夫，注重提升产品的内在质量，还聘请一些当红艺人为形象代言人，真正满足消费者对于安全、产品形象以及品牌意识的需求。

同样，消费者在购买房子时，也存在需求强度问题。对于无房者而言，有住房是最迫切的需求，他们买房的欲望最为强烈。房地产业界把此现象称之为"刚性需求"，简称"刚需"。而对于改善住房的购买者而言，他们对房子的需求要弱一些。只有当房价到了他能接受的范围内，他才会采取购买行为。房地产业界称之为"软性需求"，简称"软需"。

■工作任务三 需求内容分析

消费者的一个消费行为所包含的消费需求往往是多方面的、整体性的，而不只是一种。例如购买手机，对手机的通话质量、款式、品牌、价格、购买场所等方面都会有要求。企业只能对这些需求都充分考虑到并予以有效满足，才能使自己的产品受到消费者的喜欢。

通过上述5种产品消费者需求的分析，使学生能够学会站在消费者角度来思考问题，对消费需求有一个全面的判断。

项目1:方便面需求内容分析

请列出消费者在购买方便面时会考虑的因素:(根据自己的理解来判断)
1.品牌　2.味道　3.价格　4.购买场所　5.营养　6.其他
其中:属于重要的因素:＿＿＿＿＿＿＿＿＿＿＿＿＿＿＿＿＿＿＿＿。
　　　属于次要的因素:＿＿＿＿＿＿＿＿＿＿＿＿＿＿＿＿＿＿＿＿。

项目 2：啤酒需求内容分析

请列出消费者在啤酒时会考虑的因素：

1.品牌　2.味道　3.价格　4.购买场所　5.营养　6.其他

其中：属于重要的因素：_____。

属于次要的因素：_____。

项目 3：衬衫需求内容分析

请列出消费者在衬衫时会考虑的因素：

1.品牌　2.款式　3.价格　4.购买场所　5.质地　6.其他

其中：属于重要的因素：_____。

属于次要的因素：_____。

项目 4：家庭轿车需求内容分析

请列举出消费者购买轿车时会考虑的因素：

1.品牌　2.价格　3.款式　4.销售场所　5.付款方式　6.质量　7.节能
8.环保　9.其他。

其中：属于重要的因素：_____。

属于次要的因素：_____。

项目 5：房子需求内容分析

请列举出消费者在购买房子时会考虑的因素：

1.价格　2.地段　3.环境　4.开发商　5.户型　6.付款方式　7.配套设施
8.其他

其中：属于重要的因素：_____。

属于次要的因素：_____。

■教师讲解

从营销角度看产品

对产品的研究可以是多个角度的，可以从产品本身的物理、化学性能等方面去研究，也可以从文化方面去研究等。而我们这里则是从营销的角度去分析一下消费者购买产品时会考虑哪些因素？以及营销者应该采取什么样的措施来更好地适应和满足消费者的这种消费需求。

一、什么是产品整体

1.什么是产品

市场营销上的讲产品与我们日常生活中所讲的产品是有所不同的。从存在形态的角度看,日常生活中所讲的产品是指企业提供给市场的具有特定用途的物品,具有实物形态;而营销中所讲的产品,既包括实物形态的产品,也包括劳务或服务。

2.什么是产品整体

现代市场营销理论认为,消费者对某种产品需要的内容都是企业应该满足的。这些需要的内容都是产品的组成部分。因此,从营销的角度看,整体产品是指企业提供给市场,用于满足购买者某一或某些基本方面整体需要的各有关因素的总和。由于按照购买者某一或某些基本方面的整体需要引申出来的,它本身包含着非常丰富的内容,已经远远超出了特定物品或劳务的范畴,称为广义的产品概念。

产品整体概念从满足消费者的需求来说,可分解为三个层次:核心产品部分、形式产品部分和附加产品部分,如图1.2。

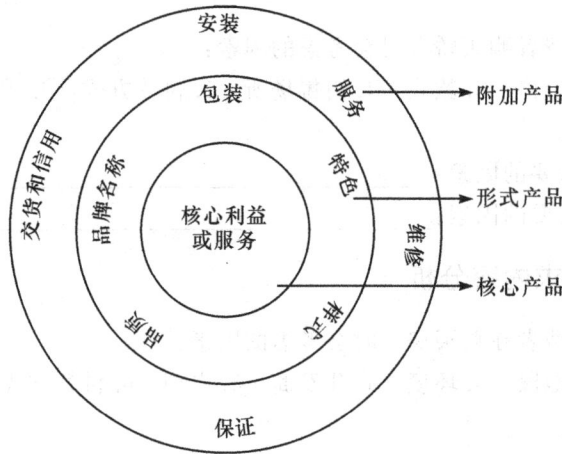

图1.2　产品整体示意图

(1)核心产品部分。核心产品部分是产品整体概念中最基本的层次,是指购买者购买某一特定产品时追求的基本效用和利益,是顾客需要的中心内容。消费者购买某种产品,并不是为了获得这一产品本身,而是要通过对该产品功能的利用来满足自己的特定需要,由此获得基本利益。也就是顾客真正要购买的利益,即产品的最基本使用价值。例如消费者购买方便面,最需要的是方便面能够充饥;购买啤酒,最需要的是啤酒能够让人兴奋;购买轿车,最需要的作为交通工具;购买房子,最需要的是房子能够遮风避雨,让人有一个居住的场所。因此,企业的营销人员在营销活动中要善于了解和发现购买者购买某一产品时追求的基本效用和利益,并通过自己的产品准确地提供给消费者或用户。

(2)形式产品部分。形式产品部分主要包括产品的质量、档次、款式、特色、包装以及品牌等内容。它的多样化可以满足购买者不同的或变化了的需求。例如对于方便面和啤酒等而言,其形式产品就是其产品质量、口感、外观式样、品牌名称和包装等;对轿车而言,形式产品包括了质量、档次、款式、特色以及品牌等内容;而对于房子这样的不动产而言,形式产品的内容则包括了房子的质量、档次、户型、周围环境、交通条件、价格甚至开发商的信誉等。企业应注意通过产品的差异化与多样化策略,提高产品的市场适应能力。

应注意的是,核心产品与形式产品是不可分的,核心产品总是通过形式产品提供给购买者。人们在购买某一特定产品时,不仅要考虑核心产品部分,而且要考虑形式产品部分能否满足自己的需求。因此,企业应当在充分了解市场需求的基础上,将核心产品与形式产品有机结合起来。

(3)附加产品部分。附加产品是产品包含的附加服务和利益,即消费者或用户在购买某一特定的形式产品时所得到的其他方面利益的总和,包括咨询服务、产品介绍、提供信贷、免费送货、安装调试、技术培训、产品保证、售后服务等,从而把一个公司的产品与其他公司区别开来。

像方便面、啤酒而言,附加产品部分相对比较简单。而对轿车、房地产这样的大件产品而言,消费者对附加产品的需求就要多一些。比如就车而言,包括咨询服务、产品介绍、提供信贷、免费送货、试驾、技术培训、产品保证、售后服务等都是附加产品的内容。对房地产而言,咨询服务、产品介绍、付款方式、质量保证、物业服务等都是附加产品的内容。

因而,实体商品只是基本效能与益处的载体和具体物质外形。当然,商品实体也很重要,一件商品的基本效能与益处只有通过实体才能体现出来,这两者相辅相成,缺一不可。对于核心产品和形式产品来说,附加产品具有相对独立存在的特性,但它又是产品整体概念中一个极为重要的组成部分,并有日益重要的趋势。许多企业营销的成功,在很大程度上与其正确认识附加产品在整个产品概念中的重要性,并根据顾客需求、竞争状况以及自身条件向市场提供适当的附加产品密切相关。

需要提及一点的是:在上述项目分析中,我们已经看到,不同的消费者对产品需求的内容和强度是有所不同的。例如衬衫购买行为,有的消费者对品牌可能特别讲究;而有的消费者可能对款式等特别讲究,而对品牌等却不太讲究等。

比如平安信德(北京)企业营运顾问机构首席顾问师边建平认为中国汽车消费确实已经转入价值主导时代。主要标志是:在顾客对轿车的选择标准中,自我价值实现、阶层时尚、个人情趣等内在的价值利益期望,已经上升为主导性需求。在 A级车、B 级车和 C 级车市场,消费者已经由于内在利益差异而分化为不同的消费势力群体。消费群体的利益分化直接导致了市场区隔的产生。

以 A 级车市场为例。2008 年底,平安信德对销售相对靠前的 29 款 A 级车进行了深入的市场研究。结果发现,这些品牌车型在市场定位上呈现出下述特征。

• 特征 1:在 29 款车型中,有 17 款从个性特征、文化特征、时尚特征、生活方式特征、事业追求特征、休闲娱乐方式等角度,对自己产品的目标顾客群体进行明确的界定。这一数字占到了调研产品总数的 59%。

这表明:随着市场竞争烈度的提升,大多数品牌已经开始注重在消费者个性偏好的方向上,为自己的产品塑造具有区隔性的个性价值优势。小众营销的趋势已经悄然产生。

● 特征2:在29款调研产品里,有9款在产品用途上强调了家庭亲情的家用方向;有10款则旗帜鲜明地强调具有或张扬或婉约的个性活力的单身倾向;而余下的10款则暧昧于单身和家庭之间。

其中,强调家用的车型的平均销量为45000台左右;强调单身倾向的车型的平均销量为22000台左右;暧昧于单身和家庭之间的车型的平均销量为37000台左右。单身倾向车型的平均销售严重落后于其他两种车型。究其原因,是因为70%的单身倾向车型是在2008年才推出,销售期过短所致。

由此可见,中国轿车市场赢得竞争优势的根本方法已经转变为:对顾客利益进行区隔性细分,针对目标顾客群体的个性化利益进行精确的市场定位,然后创造出满足目标顾客利益期望、且超越竞争对手的顾客价值优势。而王法长认为轿车产品的商品力是由性价比、品质、使用成本、二手车残值、售后服务等5项价值要素构成。这充分说明在轿车的整体产品需求中,部分形式产品和附加产品如使用成本、二手车残值、售后服务等已经成为与核心产品同样重要的产品需求。

3.牢固树立产品整体概念,提高产品营销成功率

(1)产品整体概念是建立在产品的全部内容等于消费需求基础之上的,这一概念十分清晰地体现了以市场为中心的现代营销思想,企业要想赢得市场首先就必须向顾客提供满足的产品。

(2)产品整体概念反映了消费者对产品多层次、多侧面、多样化和不断发展变化的需求。在动态的营销环境中,企业要想获得持续的发展,就必须时刻把握住消费需求的特点与具体内容。

(3)产品整体概念反映了未来竞争的关键不仅在于企业能够生产什么产品,而且在于企业能否向顾客提供适当的附加利益。在激烈的市场竞争中,企业只有在向顾客提供令其满意的核心产品、形式产品的同时提供适当的附加利益,才能全面满足顾客的需要,才能立于不败之地。

(资源来源:http://blag.sina.com.cn/s/blog_5d7617880100bupt.html? tj=1)

工作任务四 购买过程分析

消费者购买产品的过程分成几个阶段。在每个阶段其活动内容与要求都是不同的。企业应该了解这个过程,以便在各个阶段采取相应的营销对策,促使消费者顺利完成从产生需求到实际购买的全过程。

项目1：方便面购买过程分析

王三同学下课后，感到肚子有点饿。路过小店时，准备进去买一包方便面。原来打算买康师傅品牌的，但经服务员介绍买了另一个品牌。回到寝室食用后，感到这个品牌不太好吃，就没有吃完扔了。心里一边埋怨服务员的推荐，一边想今后再也不买这个品牌的方便面了。

请根据上述过程，对下列问题进行分析：

（1）王三为什么选择购买康师傅品牌？

（2）王三依据什么购买了另一个品牌的方便面？

（3）王三购买后是怎样的感觉？

项目2：啤酒购买过程分析

张强想喝啤酒，到了超市购买。到了货架前，发现有10余种品牌的啤酒。一时拿不定主意买哪个品牌好？他想起同事经常喝某个品牌的啤酒，觉得这个品牌的啤酒应该不错。又想起这几天电视台每天都在播雪花啤酒勇闯天涯的广告，感觉雪花啤酒也应该不错。想来想去，还是买了雪花啤酒。回到家，一喝，觉得的确不错，心想下次还买雪花啤酒。

请根据上述过程，对下列问题进行分析：

（1）张强为什么选择购买雪花啤酒？

（2）张强购买后是怎样的感觉？

项目3：衬衫购买过程分析

傅冬强想买一件衬衫。到了超市货架前，发现有10余种品牌的衬衫，如雅戈尔、杉杉、开开、金利来、海螺等。一时拿不定主意买哪个品牌好，他想起周围的同事经常穿雅戈尔衬衫，觉得这个品牌的衬衫应该不错。但在挑选过程中，觉得开开品牌的一个款式非常符合自己的心意，于是买了这款开开衬衫。穿上后，同事认为不错，傅冬强心里也感觉很高兴。

请根据上述过程，对下列问题进行分析：

（1）傅冬强为什么先想购买雅戈尔衬衫，后又改为购买开开衬衫？

（2）傅冬强购买后是怎样的感觉？

项目4：轿车购买过程分析

请你对消费者购买轿车中的行为做出描述：

1.购买前，消费者会做哪些事情？

2.在销售店购买时，消费者会做哪些事情？

3.轿车买回家后，他又会做哪些事情？

项目5：房子购买过程分析

　　傅教授夫妇与儿子居住在一起。由于儿子来年要结婚，所以家里决定要购买一套房子，供儿子与儿媳居住。一家人开始关注相关的楼盘广告，同时也向熟人、同事了解有关情况，并利用休息日，到多个楼盘进行了实地考察。在讨论购买什么样的房子时，大家都发表了意见。傅教授的想法是一步到位，购买一个面积大一点的房子，省得以后再换房；傅教授夫人觉得还是先购买一个过渡用房，等过几年再换一个好一点的房子；儿子媳妇也赞同母亲的观点。经讨论后，决定采用张教授的想法，并由儿子具体操办。房子买好后，周围的房价开始下跌。

　　1.买房欲望分析（为什么要买房，请在所选项目前打钩）
- 无房户；
- 住房改善（以小换大等）；
- 方便工作或子女读书；
- 方便照顾大人；
- 结婚用房；
- 其他。

　　2.买房决策分析（谁来决定买房）（请在所选项目下面打钩）

序号	购买决策角色	父亲	母亲	儿子	儿媳
1	倡议者				
2	影响者				
3	决策者				
4	购买者				
5	使用者				

　　3.买房程序分析（按先后顺序排序）
- 看广告；
- 向熟人了解情况；
- 实地查看；
- 与开发商谈判；
- 签订购房协议；
- 付款；
- 其他。

4.买房后心态分析

序号	情形	心态(请在所选项目前打钩)	可能的反应行为(请在所选项目前打钩)
1	房价上涨	高兴;不高兴,无所谓,其他	向熟人炫耀;向熟人抱怨;向开发商抱怨;要求退房;要求退还部分房款;其他
2	房价不动	高兴;不高兴,无所谓,其他	向熟人炫耀;向熟人抱怨;向开发商抱怨;要求退房;要求退还部分房款;其他
3	房价下跌	高兴;不高兴,无所谓,其他	向熟人炫耀;向熟人抱怨;向开发商抱怨;要求退房;要求退还部分房款;其他
4	房子质量比预期的好	高兴;不高兴,无所谓,其他	向熟人炫耀;向熟人抱怨;向开发商抱怨;要求退房;要求退还部分房款;其他
5	房子质量与预期的一样	高兴;不高兴,无所谓,其他	向熟人炫耀;向熟人抱怨;向开发商抱怨;要求退房;要求退还部分房款;其他
6	房子质量比预期的差	高兴;不高兴,无所谓,其他	向熟人炫耀;向熟人抱怨;向开发商抱怨;要求退房;要求退还部分房款;其他

■教师讲解

消费者购买过程

仅仅了解影响消费者行为的主要因素和消费者行为模式,对于营销者还是不够的,还需要了解:目标购买者是谁? 他们面临着什么样的决策? 谁参与决策? 购买者决策过程的主要步骤是什么?

一、消费者购买决策过程的参与者

消费通常是以家庭为单位进行的,但购买决策者一般是家庭中的某一个或几个成员。究竟谁是决策者,要依不同商品而定。有些商品在家庭中的决策者、使用者和实际购买者,往往是不一致的。

在购买决策过程的不同阶段,有扮演不同角色并相应地完成不同功能的参与者。

(1)倡议者:最初提出购买某种商品的人。

(2)影响者:指对评价选择、制定购买标准和做出最终选择有影响力的人。

(3)决策者:指对部分或整体购买决策做出最后决定的人。

(4)购买者:指实际购买产品的家庭成员,一般是成年人或青少年。

(5)使用者:指产品的使用者,许多产品都有多个使用者。

二、购买决策内容

消费者的购买决策,是指消费者要对购买对象、购买目的、购买组织、购买时机、购买地点、购买方式等做出选择,即通常所说的60秒。

(1)购买对象,它涉及消费者对产品和品牌的选择。对于营销人员就要了解顾客需要或准备购买的商品与服务。

(2)购买目的,即消费者为何要购买。研究消费者购买目的就是要分析消费者出于什么动机购买商品。通过了解消费者的购买动机,营销者就能有依据地说明和预测消费者的购买行为。

(3)购买组织,即购买者。营销人员要通过对消费者购买活动以及参与购买过程中的不同角色的分析,确定购买商品的主体。一般来说,对于消费者市场主要是确定家庭成员的地位和作用。

(4)购买时机,消费者购买习惯,往往有时间上的特定性。而且商品的性质不同,购买时间也不一样。如消费者对季节性和节日性商品的选购,在届时和过时等不同时机,其购买的兴趣会迥然不同。企业应根据消费者的购买习惯,在生产安排、货源组织和营业时间等方面做到同步营销。

(5)购买地点,这包括两方面的情况,即在何处做出购买决定,在何处购买。一般来说,日用品和食品往往在购买现场做出购买决定,就近购买;家具、家电等则往往先在家中做出购买决定,在信誉较好的商场购买。企业应根据上述情况,合理安排商业网点和商业分配路线。

(6)购买方式,消费者的购买方式有习惯型、忠诚型、理智型、经济型、冲动型、情感型等几种。消费者的购买方式不仅会影响市场营销活动的状态,而且会影响产品设计、营销计划的制订和其他经营决策。因此,营销人员要认真研究,根据消费者的购买方式的不同特点来确定自己的营销方式。

三、购买决策过程

消费者的购买决策过程,是指消费者购买行为或购买活动的具体步骤、程度、阶段,它一般由五个环环相扣的阶段组成:引起需要、信息搜集、评价选择、购买决策、购后行为。

(1)引起需要。人的需要可以有两种刺激而引起,一是内部刺激,就是饥渴等生理方面刺激产生的需要;二是外部刺激,就是人感知到外界刺激物而引起的需要。一般来说,消费者对消费的渴求与确认,是内在刺激与外在刺激共同引起的。

(2)信息搜集。在确认需要之后,消费者往往需要进一步了解商品的相关信息,了解市场行情,作为购买决策的依据。消费者信息来源的主要途径有:

①经验来源,指消费者本人通过使用、查看、联想、判断等获得的信息。

②商业来源,指由推销人员、经销商、广告、包装、产品介绍等所提供的信息。

③个人来源,指亲朋好友、家庭成员、同事同学、邻里乡亲等所提供的信息。

④公众来源,如杂志、消费者组织、政府组织。

消费者所获得的信息越丰富,就越有利于做出购买决策。因此,营销者要善于利用一切信息、传播媒介来沟通产品与消费者之间的联系,扩大产品和企业的知名度。

我们以购买过程相对复杂的轿车为例,来具体说明消费者信息搜集的全过程。在初始信息的获取上,基本上是"亲戚朋友的介绍"、"报纸"(或"报纸宣传"、"报纸广告")排前两位。从历年的研究看,购车者"上网查询"的比例越来越高。当消费者进一步需要接触具体的汽车信息时,也就是说当信息从搜集阶段向最终决策进一步靠近时,报纸信息将起更重要的作用,同时,亲朋好友的介绍,经销人员的推荐这种面对面的交流,则可能会起到决定性的作用,这两个因素被排在了决策最重要因素的第二和第三位!

对于车主而言,朋友与同事仍是很重要的,但与其他因素相比并不十分突出。车主已经对车的使用有了基本知识和感性认识,此时,主要是通过报纸广告,广泛了解并划定自己下一步要买的车后,然后到经销部或车展那里实地考察将是决定性的一步。因此,排在前4位的是报纸、亲友、经销商的实车展示和展示厅的实车,而网上信息也是车主们非常重要的信息来源之一。

对潜在车主而言,报纸和亲友的介绍也是特别重要的,所不同的是,电视和一般的车展会对这群人有特别大的影响,而且杂志信息的重要度在他们看来也明显高于车主。

结合上面的分析,东方(国际)用以下模型描述中国消费者在购买小轿车时信息搜集和决策的过程:

第一,意见征询阶段。主要是向有用车和买车的亲友打听,打听的对象是以价格范围为基础的若干目标品牌。这将是不同品牌轿车质量/服务等所引起的客户满意度的大比拼,质量和服务过硬的品牌将赢得更广泛的认同,而仅凭外观设计和价格或通道而大量卖出产品但问题多多的品牌,将因此而受阻。

第二,信息探索阶段。基本是以非直接接触为特点的传统媒体为主,报纸信息占非常重要的地位,是"主动接触"的信息源,电视、杂志和广播等传统媒体的各项汽车指数等信息将比往常更容易关注。

第三,目标锁定阶段。此时,信息的搜集将更具体和有针对性,在继续前两阶段信息搜集的基础上,开始利用这几方面的非接触性信息来源:①厂家网站;②目标经销商网站;③非目标厂家和经销商网站。

第四,实际决策阶段。这一阶段以走出去获取非传统媒体信息为特点,包括:①车展;②经销商的实车;③经销商介绍。这一阶段是"百闻不如一见",耳听为虚,眼看也为虚,要手摸为实。

车主们对车的熟悉程度决定了他们信息搜集的特点,更多处于我们所提到的信息搜集过程的后两个阶段。潜在车主则处于前两阶段,一旦潜在车主进入决策阶段,则非媒体信息,特别是接触性信息将起至关重要的作用。

（3）评价选择。消费者搜集信息后,经过分析、整理,对各种商品的质量、效用、款式、价格、品牌、售后服务等进行比较和评价,来选定自己满意的商品。

（4）购买决策。购买决策是消费者购买行为最关键的阶段,是顾客最当心的阶段,也是企业一切营销努力的希望所在。做出购买决定和实现购买,是决策过程的中心环节。

（5）购后行为。消费者的购后行为有两个:一是购后的满意程度,二是购后的活动。一般来说,消费者的满意程度,主要取决于消费者对产品的预期性能是否得到满足。因此,企业的广告必须实事求是,尽量使其符合产品的实际性能,以便让消费者感到满意。消费者的购后活动主要表现在是否产生重复购买行为,并进一步吸引其他消费者购买。在这里,售后服务会起到很大的作用。

综上所述,消费者购买过程的五个阶段或步骤是环环相连、循序渐进的。整个购买过程都要受消费者心理、企业营销策略以及其他各种相关因素的影响。企业营销的任务就在于认识每一个阶段的购买者的行为特点,采取行之有效的措施,引导消费者的购买行为,不仅促成消费者即时交易,而且还要赢得顾客的重复购买和长期购买。

■工作任务五　购买习惯分析

消费者购买不同商品时,其购买习惯是不一样的。企业必须了解自己产品的属性,以及消费者购买自己产品时的习惯。这样才能按照消费者的要求选择合适的营销方式,使自己的产品能够顺利地被消费者所接受。

项目1:方便面购买习惯分析

购物习惯分析表
（请在所选项目前打钩）

1.购买场所

就近便利店或超市　较远距离的大型超市　专卖店　商业中心　高档购物场所

消费者选择的理由分析:＿＿＿＿＿＿＿＿＿＿＿＿＿＿＿＿＿

2.购物环境

无所谓　舒适　豪华

消费者选择的理由分析:＿＿＿＿＿＿＿＿＿＿＿＿＿＿＿＿＿

3.品牌要求

无所谓　品牌知名度大　可以在几个品牌中选择　只认一个品牌

消费者选择的理由分析:＿＿＿＿＿＿＿＿＿＿＿＿＿＿＿＿＿

4.价格

无所谓　愿意购买便宜的　愿意购买适中价格的　愿意购买高价位的　其他

消费者选择的理由分析：_____

5.品种要求

一个品种即可　需几个品种　品种很多

消费者选择的理由分析：_____

6.购买方式

要求迅速购买　要求仔细挑选　要求详细介绍

消费者选择的理由分析：_____

项目2:啤酒购买习惯分析

购物习惯分析表

（请在所选项目前打钩）

1.购买场所

就近便利店或超市　较远距离的大型超市　专卖店　商业中心　高档购物场所

消费者选择的理由分析：_____

2.购物环境

无所谓　舒适　豪华

消费者选择的理由分析：_____

3.品牌要求

无所谓　品牌知名度大　可以在几个品牌中选择　只认一个品牌

消费者选择的理由分析：_____

4.价格

无所谓　愿意购买便宜的　愿意购买适中价格的　愿意购买高价位的　其他

消费者选择的理由分析：_____

5.品种要求

一个品种即可　需几个品种　品种很多

消费者选择的理由分析：_____

6.购买方式

要求迅速购买　要求仔细挑选　要求详细介绍

消费者选择的理由分析：_____

项目3：衬衫购买习惯分析

购物习惯分析表
（请在所选项目前打钩）

1.购买场所

就近便利店或超市　较远距离的大型超市　专卖店　商业中心　高档购物场所

消费者选择的理由分析：＿＿＿＿＿＿＿＿＿＿＿＿＿＿＿＿＿

2.购物环境

无所谓　舒适　豪华

消费者选择的理由分析：＿＿＿＿＿＿＿＿＿＿＿＿＿＿＿＿＿

3.品牌要求

无所谓　品牌知名度大　可以在几个品牌中选择　只认一个品牌

消费者选择的理由分析：＿＿＿＿＿＿＿＿＿＿＿＿＿＿＿＿＿

4.价格

无所谓　愿意购买便宜的　愿意购买适中价格的　愿意购买高价位的　其他

消费者选择的理由分析：＿＿＿＿＿＿＿＿＿＿＿＿＿＿＿＿＿

5.品种要求

一个品种即可　需几个品种　品种很多

消费者选择的理由分析：＿＿＿＿＿＿＿＿＿＿＿＿＿＿＿＿＿

6.购买方式

要求迅速购买　要求仔细挑选　要求详细介绍

消费者选择的理由分析：＿＿＿＿＿＿＿＿＿＿＿＿＿＿＿＿＿

项目4：轿车购买习惯分析

购物习惯分析表
（请在所选项目前打钩）

1.购买场所

就近便利店或超市　较远距离的大型超市　专卖店　商业中心　高档购物场所

消费者选择的理由分析：＿＿＿＿＿＿＿＿＿＿＿＿＿＿＿＿＿

2.购物环境

无所谓　舒适　豪华

消费者选择的理由分析：＿＿＿＿＿＿＿＿＿＿＿＿＿＿＿＿＿

3.品牌要求

无所谓　品牌知名度大　可以在几个品牌中选择　只认一个品牌

消费者选择的理由分析：＿＿＿＿＿＿＿＿＿＿＿＿＿＿＿＿＿

4.价格

无所谓　愿意购买便宜的　愿意购买适中价格的　愿意购买高价位的　其他

消费者选择的理由分析：_____

5.品种要求

一个品种即可　需几个品种　品种很多

消费者选择的理由分析：_____

6.购买方式

要求迅速购买　要求仔细挑选　要求详细介绍

消费者选择的理由分析：_____

学生还可以自己选择商品,按照上述分析方法对其购买习惯进行分析。如普通西装、高档化妆品、钻石、高档酒水等。

教师讲解

不同类产品的购买习惯

以消费品为例。

消费品是指由最终消费者购买并用于个人消费的产品。它是人类赖以生存和发展的物质资料。因此全面、动态地了解消费者的需求,掌握消费品市场的特点及发展趋势是非常必要的。由于消费品品种繁多,经营范围广,为了便于分清不同消费品的特征及消费者的购买态度,依据消费者购物习惯可将其分为四类:便利型、选购型、特殊型、非渴求型。消费者购买这些产品的方式不同,因此对它们进行营销的方式也应有所不同(见表 1.1)

(1)便利品,是指售价低廉、经常使用、购买频率较高的日常必需品。此类商品的消费者对商品的性能、品种、规格和价格早已熟悉,一般情况下消费者购买时比较随便,不作过多的挑选,但要求购买便捷,如肥皂、牙膏、毛巾、报纸等。

(2)选购品,是指消费者会仔细比较其适用性、质量、价格和式样,购买频率较低的消费品。消费者对此类商品不像日用品那样熟悉,缺乏充分的商品知识。因此,购买时往往愿意征求他人意见或到数家商场,进行品种、质量、价格、款式等方面比较后才决策购买,购买较为谨慎,如服装、家具、化妆品等。

(3)特殊品,是指一个重要的购买群愿意花特殊的精力去购买的有特殊性质或品牌识别的消费品。例如珠宝首饰、高档手表、名牌服装。这类产品能显示购买者的身份和地位,满足心理需要。

表 1.1 消费品类型和营销组合计划

消费品类型		营销组合	顾客行为
便利品	日用品	分布广泛、低成本分销并最大化地展示；由生产商大量推销；通常价位低；品牌相当重要	常规化（习惯性）、低努力、经常性购买；低相关性
	冲动型产品	在推销点展示并广泛分销	无计划购买且买入迅速
	应急型产品	在可能需求点附近广泛分销，价格敏感性低	当需求巨大时，因时间压力而产生购买
选购品	同质型产品	需要对灵活的价格有足够的展示，价格敏感性高	顾客在两者中择一，发现少许差异，寻找最低价格
	异质型产品	需要有与相似产品接近的分销，促销（包括人员推销）	
特殊品		价格敏感性似乎很低；可接受有限的分销，但必须被看作是便利型或选购产品（产品必须被典型地包括在这些类别之中）来迎合对特殊型产品尚未确定的顾客	愿意花精力来得到特殊型产品，甚至该产品并非必需；强大的偏好使其产生购买行为
非渴求品	新的非渴求品	必须在相似（或相关）产品尚未有渴求的领域内可获，需要有吸引足够注意力的促销方式	未强烈感觉到产品需要，利益不明或尚未试用
	常规非渴求品	需要非常强的促销方式，通常是人员推销	对产品有一定了解但并无兴趣，其态度甚至可能是否定的

（4）非渴求品，是指消费者未曾听说或即使了解也没兴趣、无意购买的消费品，又称为非需品或非寻觅品。绝大多数新产品都是非渴求品，直到消费者通过广告认识了它们为止。例如人寿保险、墓碑、百科全书、人参等。非渴求品需要广告和人员推销的支持。

情境综合项目训练

（任选一项）

1. 请选择某位有轿车的教师，对其进行访谈，了解其轿车消费需求情况，并写出"某某教师购买轿车的需求分析报告"。（2000 字左右）。

2. 请选择某位学生，对其进行访谈，了解其对方便面需求的情况，并写出"某某同学购买方便面的需求报告"。（2000 字左右）。

3. 请选择某个学校，对其衬衫市场进行调查，并写出"某某学校衬衫市场调研报告"。（2000 字左右）

附件

某某大学衬衫市场调查

亲爱的同学:您好!

我们现在正在做一项有关大学衬衫市场方面的调查,希望得到您的帮助。您的意见对我们来说非常重要,可否耽误您一点时间接受我们的调查,谢谢! 您的回答不涉及任何是非对错,对于您的个人资料,我们会严格保密,请您放心! 谢谢!

填答说明:

①选择题除有特殊说明外均为单选题,请在您所选答案前的□中画"√"

②表格题请在您所填答案的对应位置画"√"。

③填答问卷时请看清有关题目的跳答说明。

④填答问卷时请您不要与他人商量。

1.您所在的年级是:

□①大一或大二　□②大三　□③大四　□④研究生及以上

2.您每月可支配的总收入(包括您的所有经济来源)是:

□①500 元以下　□②500~1000 元　□③1000~2000 元　□④2000 元以上

3.您每季度花在服装上的消费占当季度总消费的比重:

□①10% 以下　□②10%~30%　□③30%~50%　□④50% 以上

4.请问您比较偏好的服饰类型是:

□①运动服饰　□②休闲服饰　□③ 职业服装

□④牛仔服饰　□⑤其他服饰

5.下列所列的品牌,您知道哪些? (此题为多选)

□①雅戈尔　□②PPG　□③VANCL　□④红豆　□⑤Polo 衬衫

□⑥其他

6.您平时穿衬衫吗?

□①不穿　□②有时穿　□③经常穿

(回答 6(A1))　　　　　　↓回答 6(C1~C2)

6(A1)您不穿衬衫的原因　　6(C1)您现在穿的衬衫品牌

是:_____　　　　　是:_____

□①从来就不喜欢衬衫类型的衣服　6(C2)您穿衬衫最多会选择几个牌子:

□②衬衫是职业装,不适合学生　□①就一个　□②一两个

□③以前没有试过　　　　　　□③两三个　□④三个以上

□④其他原因

7.您如果买衬衫能接受的衬衫价格范围是:

□①50 元以下　□②50~100 元　□③100~300 元　□④300 元以上

8.您如果买衬衫,下列因素对您的影响程度是:

	很重要	较重要	重要
适应季节变化			
原来的衣服太旧			
追赶潮流			
工作或社交的需要			
随心情而买			
受广告或朋友影响			

9.您在选择衬衫时首先考虑的因素是( );其次是( );再次是( )

(请将您的答案填在对应的括号内,每处只选择一个答案)

①产品的材料质　　②产品的款式　　　③产品的价格

④产品的品牌　　　⑤产品的服务环境　⑥产品的售后服务

10.您有听说过PPG牌子的男士衬衫吗?

□①有　　　　　　　□②没有

选①的继续,选②的直接回答11题

10(A1)您是通过什么渠道了解到PPG牌子的衬衫的:

□①杂志,如《商界》　□②报纸　　　　　□③网络

□④电视广告　　　　　□⑤朋友介绍

10(A2)您用过PPG的产品吗?

□①用过　　　　　　　　　□②没用过

回答10(A3)　　　　　　　　回答10(B1)

10(A3)您认为PPG牌子的产品怎么样?

□①很不好

□②不好

□③一般

□④挺好

□⑤很好

10(B1)您没用过PPG牌子的原因是:(如衬衫)(此题多选)

□①不知道这个牌子

□②PPG的价格太高

□③PPG的档次太低

□④自己目前没有穿正装的习惯

□⑤在市场上很难看到PPG衬衫

□⑥其他原因

11.目前PPG的购物渠道中,您会选择哪一种渠道作为您的购物方式?

□①网上银行在线支付　□②货到付款　□③邮局汇款　□④电话支付

12.您现在开通网上银行账户吗?

□①开通了　　　　　　　　　　　□②没开通

回答12(A1~A2)　　　　　　　　　回答12(B1)

12(A1)您开通网上银行账户主要用于:

□①网上购物　□②电子转账　□③炒股　□④ 其他

12(A2)您在网上购物时,您首先考虑是因素是( ),其次是( )

（请将您的答案填在对应的括号内，每处只选择一个答案）

①网站信誉　　　　②购买物品的价格　　　③付款方式

④购买物品的质量　　⑤个人信息的安全

12(B1)您以后会开通网上银行账户吗？

□①不会，不喜欢那种消费方式　　　□②会开通，但暂时不需要

□③会开通，这是一种趋势

13.您的朋友如果用了PPG牌子的产品并且觉得挺好，您会考虑选择PPG吗？

□①不会　　　　　　□②会的　　　　　　□③不知道

14.下列不同方式的衬衫广告对您的吸引程度如何：

	1.很不吸引	2.不吸引	3.一般	4.较吸引	5.很吸引
1.电视广告					
2.报纸杂志广告					
3.网络广告					
4.宣传DM单					
5.产品户外体验					

15.当您知道PPG牌子的产品会为您带来一些个性化服务（比如帮您在衬衫上绣字或者是教您如何打各种各样的领带等等）时您会选择它吗？

□①不会　　□②会的，有创意　　□③可能会，看服务的价格

16.您对PPG男士产品优惠销售感兴趣吗？

□①感兴趣　　□②无所谓　　□③不感兴趣

选①的继续回答，选②或③的结束访问

16(A1)如果让您选择优惠方式，您会选择：

□①直接折扣　　□②礼包式优惠　　□③会员制优惠　　□④优惠券优惠

谢谢您完成这份调查问卷！

如果您还有一些我们未在调查问卷中列出的观点和想法要表达的话，请您畅所欲言：

■企业项目

啤酒消费者口味测试调查报告

项目背景：

湖州城区在5月份以前一直是雪花啤酒占主导地位，总的占有率保持在70%左右，但在中心城区（指环城路以内）A品牌啤酒的占有率一直跟雪花啤酒比较接近，最近2个月，又有比较快的增长，中心城区的占有率目前估计跟雪花啤酒已经

持平。雪花啤酒推断,其占有率下降的主要原因是湖州城区的消费者一直偏爱清淡口味,A品牌啤酒采用的是7°酒体,而我们一直是9°酒体,为证实此这一推断,特组织本次调研。

  调研时间:20××年×月××日

  调研区域:湖州市城区

  调研方法:1.盲测;

      2.受访者条件:20～50岁常喝酒的男性居民;

      3.本次调研采用预约的方式,8～9人一组口味测试;

      4.调研实际样本:49个。

  测试用酒:A品牌啤酒7°超爽、雪花9°清爽、雪花7°清爽

关于本次调研的说明

  1.本次调研主要是受湖州大区要求,由湖州大区协助,市场开发部提供相关技术支持。

  2.本次调研原定计划应该是由湖州大区预约50个人员参与测试,采取8～9人一组的方式进行口味测试,但因当时沟通不到位,大区考虑到天气太热,预约较困难,没有预约人员参与测试,临时决定采用街头拦截的方式进行口味测试,初始选择的地点在总经销办事处,楼层在二楼,拦截人员较困难,应大区参与测试工作人员要求,经协商将地点更换到楼下某商贩处,测试点在户外,测试现场不符合口味测试的环境要求,又缺少对拦截人员的基本甄别,导致调研执行上有许多不尽如人意的地方,对调研结果会有影响。

本次调研的局限性

  由于受时间等各方面影响,受访者的年龄、收入、文化、职业等方面对湖州城区居民的整体代表性不够好。

主要结论

  从测试结果来看:

  1.消费者对啤酒总体满意度与消费者对啤酒浓淡度满意程度呈现一致性;

  2.消费者喜欢麦汁浓度低的啤酒更多的是建立在消费者心理上的感受,口味测试结果告诉我们,消费者更喜欢酒精度较高、麦汁浓度较高的"雪花9°清爽"啤酒;

  3.盲测的结果证实,湖州市场消费者对啤酒喜好度依次为:雪花9°清爽＞雪花7°清爽＞A品牌啤酒7°超爽。

  消费者对啤酒各指标喜好程度对比分析

  A品牌啤酒7°超爽:消费者对A品牌啤酒7°超爽柔和较满意;对清爽、苦味、甜味、回味、气足、浓淡度几个方面不满意。

  雪花9°清爽:消费者对雪花9°清爽酒香味、回味、气足、口感浓淡度、总体满意几个方面比较满意;对泡沫方面不是很满意。

  雪花7°清爽:消费者对雪花7°清爽清爽、苦味、甜味、泡沫丰富几方面较满意;

对酒香味、柔和、总体满意度不是比较满意。

总体满意度方面:雪花 9°清爽总体满意度最高,雪花 7°清爽其次;从啤酒的各项指标看,雪花 9°清爽和雪花 7°清爽比 A 品牌啤酒 7°超爽满意指标多,较 A 品牌啤酒 7°超爽有一定的优势。

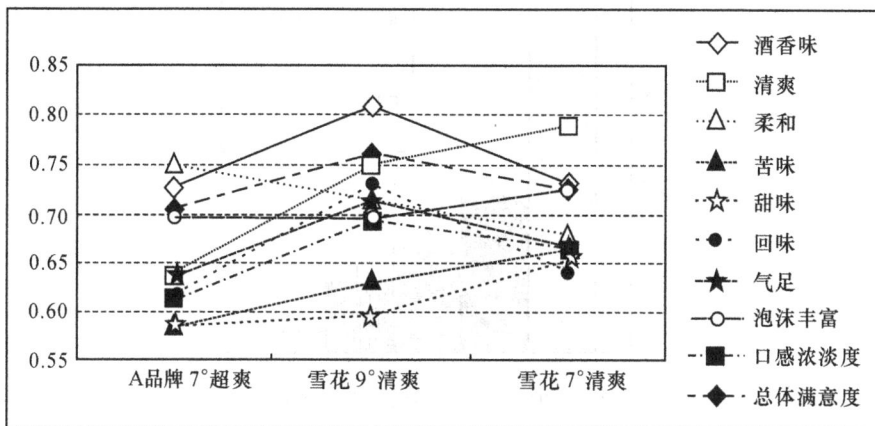

图 1.3　消费者对啤酒各指标喜好程度比较

消费者对啤酒喜好比较

通过喜好比较,我们可以明显看出,被测试者对雪花 9°清爽喜好＞雪花 7°清爽喜好＞A 品牌啤酒 7°超爽喜好,雪花 9°清爽比 A 品牌啤酒 7°超爽有明显优势。

对测试结果的验证

通过进一步的问卷调查,我们发现,在参与测试的 49 位受访者中,2 位没有喝过雪花 9°清爽,6 位没有喝过 A 品牌啤酒 7°超爽啤酒,43 位既喝过雪花 9°清爽,也喝过 A 品牌啤酒 7°超爽,我们对这 43 人进行分析:在 43 人中,有 18 人至少能够品尝出一种啤酒的口味(其中:8 人次能品尝区分雪花清爽 9°和 A 品牌啤酒 7°超爽),占总人数的 42%,接近一半,因此,我们可以认为,参与测试的人员,对啤酒口味有较好的判断能力。

消费者心理上对啤酒度数偏好

从消费者对啤酒度数心理上的偏好图示(见图 1.4)可以看出,大多数消费者认为 7°啤酒是最适合自己的,占所回答人数的一半,喜欢 9°及以上啤酒的共 11 人次,较前者少,这一回答与测试结果是不相吻合的,因此,我们有理由相信,消费者认为 9°啤酒有点高说法仅是建立在心理上的感受,并非是啤酒的口味问题。

N＝40

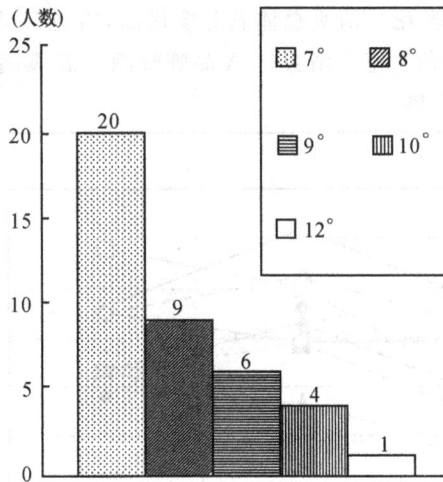

图 1.4　消费者对啤酒度数的心理偏好

消费者对啤酒浓淡的喜好

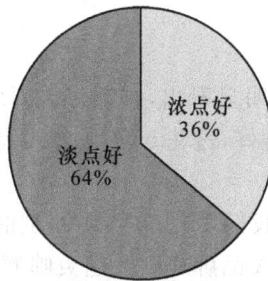

图 1.5　消费者对啤酒浓淡的喜好

N＝36

■在回答的 36 人中，64％的消费者喜欢淡点的啤酒，原因依次为：淡的啤酒清爽、口感适中、地方性差异习惯、夏天当水喝等；

■36％的消费者喜欢浓点的啤酒，原因依次为：浓点的啤酒喝起来有酒劲、有喝酒的感觉、刺激等，还有消费者认为太淡的啤酒没有酒味。

消费者购买啤酒时关注的因素

在调查的 49 人中，首选品牌知名度和口味的有 37％，其次是价格占 33％，再次是促销占 14％，朋友影响占 10％。

消费者对促销活动的偏好

在调查的 49 人中，有 15 人选择中奖机会多，奖金少的，占 31％；大型促销活动和买送活动各有 13 人选择，占 27％，有 6 人选择中奖机会少，奖金多的，占 12％。

建议与意见：

本次调研的结论，仅供参考，调研结果显示雪花清爽 7°喜好各指标相对雪花 9°清爽低，但有以下两点：

1.当地主流高啤酒多为 7°；

2.当地消费者心理上对 7°啤酒较偏好。

在湖州区域我们的品牌相对处于强势地位，两种雪花清爽啤酒从包装上区别不大，建议：

1.可考虑用 7°雪花清爽啤酒代替 9°雪花清爽啤酒；

2.在条件允许的情况下，建议做一次规模较大，样本能较好的代表湖州城区消费者特征的口味测试，对以上的结果以验证，进而确定进一步的营销方向。

姓名：_____

附件一：

啤酒口味测试问卷　　　　　　　组别：

下面是各个啤酒的评价指标，5 分表示非常喜欢，1 分表示非常不喜欢，3 分表示说不好／一般。请您就您品尝过的各个啤酒的指标打分。

	测试类别	5分	3分	1分
Q1	酒香味			
Q2	清爽			
Q3	柔和			
Q4	苦味			
Q5	甜味			
Q6	回味			
Q7	啤酒的气足（二氧化碳）			
Q8	泡沫丰富			
Q9	口感浓淡度			
Q10	总体满意度			

1.最喜欢的啤酒：_____

原因：_____

口感	1.口感清爽　　2.不爽口　　　3.口味太浓　　4.口味太淡 5.口感浓淡适中　6.口感柔和　7.口感醇厚		
苦感	1.太苦	2.不苦	3.苦味适中
酒精度	1.酒精度高	2.酒精度低（没酒劲）	3.酒精度适宜
酸感	1.太酸	2.不酸	3.酸味适中
甜感	1.太甜	2.不甜	3.甜味适中
麦芽香	1.麦芽香味浓	2.麦芽香味淡	3.麦芽香适中
含气度（二氧化碳）	1.含气不足	2.含气足	3.含气适中
其他（请注明）			

2.最不喜欢的啤酒:＿＿＿＿＿＿

原因:＿＿＿＿＿＿

口感	1.口感清爽　　2.不爽口　　3.口味太浓　　4.口味太淡 5.口感浓淡适中　6.口感柔和　　7.口感醇厚
苦感	1.太苦　　　　2.不苦　　　　　　3.苦味适中
酒精度	1.酒精度高　　2.酒精度低(没酒劲)　　3.酒精度适宜
酸感	1.太酸　　　　2.不酸　　　　　　3.酸味适中
甜感	1.太甜　　　　2.不甜　　　　　　3.甜味适中
麦芽香	1.麦芽香味浓　2.麦芽香味淡　　　3.麦芽香适中
含气度(二氧化碳)	1.含气不足　　2.含气足　　　　　3.含气适中
其他(请注明)	

附件二

啤酒消费者问卷

Q1.在你购买啤酒时哪些方面是最重要的?
　　①价格　　②口味　　③品牌知名度　　④有促销　　⑤档次
　　⑥广告　　⑦朋友影响　⑧购买方便　　⑨包装好看　⑩其他

Q2.您喝过雪花清爽啤酒吗?　　①喝过　　②没喝过(跳答 Q4)

Q3.您认为雪花清爽啤酒的口味怎么样?＿＿＿＿＿＿＿＿＿＿＿＿＿
　　您认为上面喝过的酒那种与雪花清爽的口味比较相似?①5 分　②3 分
　　③1 分

Q4.您喝过 A 品牌啤酒淡啤吗?　　　①喝过　　②没喝过(跳答 Q6)

Q5.您认为 A 品牌啤酒淡啤的口味怎么样?＿＿＿＿＿＿＿＿＿＿
　　您认为上面喝过的酒那种与 A 品牌啤酒淡啤的口味比较相似?
　　①5 分　②3 分　③1 分

Q6.您认为啤酒的麦汁浓度浓点好还是淡点好?
　　①浓点好　　为什么?＿＿＿＿＿＿＿＿＿＿＿＿＿＿＿＿＿
　　②淡点好　　为什么?＿＿＿＿＿＿＿＿＿＿＿＿＿＿＿＿＿

Q7.您认为啤酒麦汁浓度在几度是最适合您的?　　请写出:＿＿＿＿
　　您认为啤酒麦汁浓度在几度时对您而言有点高?　请写出:＿＿＿
　　您认为啤酒麦汁浓度在几度时对您而言有点低?　请写出:＿＿＿

Q8.(同时喝过雪花清爽和 A 品牌啤酒淡啤的回答)您更喜欢下列哪种啤酒?

　　a. 雪花清爽　　为什么?

　　①品牌知名度高　②促销力度大　③口味好　④价格合理　⑤购买方便
　　⑥广告宣传多　　⑦包装好看　　⑧受他人影响　⑨其他＿＿＿＿＿

b. | A品牌啤酒淡啤　　为什么?

　　①品牌知名度高　②促销力度大　③口味好　④价格合理　⑤购买方便
　　⑥广告宣传多　　⑦包装好看　　⑧受他人影响　　⑨其他_____

Q9.您更喜欢下列哪种促销方式?

　　①中奖机会多、奖金少

　　②中奖机会少、奖金多

　　③大型促销活动(比如啤酒节)

　　④ 买送活动(比如说,买9瓶送3瓶的促销)

　　⑤小型促销活动

Q10.您对雪花啤酒有什么建议和意见?

　　_____

　　姓名:_____

情境二　市场营销环境分析

　　中国人讲究做事要"天时、地利、人和"、"适者生存"、"顺势而为"、"知彼知己，百战不殆"、"人们只能适应环境，却很难改变环境"等反映人和组织与环境的关系的道理，同样也适合企业营销活动与环境的关系。企业无法改变营销环境，它只能适应营销环境。企业在进行营销活动过程中，必须对其所面临的各种环境有一个全面清晰的判断，才能根据环境所能给出的条件，结合企业自身的实际情况，扬长避短，制定出适合自己企业情况的营销对策，赢得营销的成功。

　　市场营销环境有多种划分方法。从营销知识体系上讲，比较常见的是把营销环境分为微观环境和宏观环境。除此之外，可以按其对企业营销活动的影响，分为不利环境与有利环境，即形成威胁环境与带来机会的环境，前者指对企业营销不利的各项因素的综合，后者指对企业营销有利的各项因素的总和。如果按对企业影响的时间，又可分为企业的长期环境与短期环境。

　　根据我们对企业营销环境分析这类工作的跟踪调研，许多企业一般喜欢从行业发展的外部环境、企业发展的内部环境和而本企业与同类型企业的优劣势比较分析三个方面来进行分析。这种分析方法，对企业比较实用。企业的发展，首先是要受到所在行业发展环境的影响。比如这个行业是一个朝阳产业，或者是一个政府鼓励发展的行业，那么就会给企业的发展带来良好的外部发展环境；如果是一个新兴产业，产业发展的不确定性增加，同样也会给企业的发展带来很大的不确定性。再如这个行业的社会声誉如果不好，那对行业内所有企业的发展与营销带来很大的连带影响。如"三鹿奶粉"三聚氰胺事件发生后，对整个奶制品行业的社会声誉带来很大的负面影响，其他奶制品企业的声誉也受到很大的影响，所谓"城门失火、殃及池鱼"。行业内部发展环境主要是一个企业与同行的关系问题。如果说行业发展的外部环境是属于"如何把蛋糕做大"的问题，那么行业内部环境则是一个属于"如何切蛋糕"的问题。所以，本课程采用了这个营销环境的分析方法。

■工作任务一　行业外部环境分析

项目1：方便面行业外部环境分析

　　通过网络搜索等手段，对方便面行业发展的外部环境做出简要分析。分析报

告 2000 字左右,主要应包括如下内容:

1.年度经济环境分析

包括国民经济总体走势、企业景气指数、居民消费指数、基尼系数分析等对方便面行业发展的影响。

2.年度产业政策分析

包括食品行业"十一五"规划、方便面行业市场准入制度、食品安全标准、反垄断法等对方便面行业发展的影响。

3.年度社会环境分析

包括中国人饮食习惯变化、现代化快节奏生活方式对方便面行业发展的影响。

项目 2:啤酒行业外部环境分析

通过网络搜索等手段,对啤酒行业发展的外部环境做出简要分析。分析报告 2000 字左右,主要应包括如下内容:

1.年度经济环境分析

主要包括购买能力等方面对啤酒市场的影响等。

2.年度产业政策分析

包括食品行业"十一五"规划、啤酒行业市场准入制度、食品安全标准、反垄断法等对啤酒行业发展的影响等。

3.年度社会环境分析

包括中国人饮食习惯变化、现代化快节奏生活方式等对啤酒行业发展的影响。

项目 3:衬衫行业外部环境分析

通过网络搜索等手段,对衬衫业发展的外部环境做出简要分析。分析报告 2000 字左右,主要应包括如下内容:

1.年度经济环境分析

主要包括购买能力等方面对衬衫市场的影响等。

2.年度产业政策分析

包括衬衫行业市场准入制度等对衬衫行业发展的影响等。

3.年度社会环境分析

包括中国人穿着习惯的变化等对衬衫行业发展的影响。

项目 4:轿车行业外部环境分析

通过网络搜索、实地访谈等手段,对啤酒轿车行业发展的外部环境做出简要分析。分析报告 2000 字左右,主要应包括如下内容:

1.年度经济环境分析

主要包括经济发展情况、购买能力等方面对家庭轿市场的影响等。

2.年度产业政策分析

包括汽车行业振兴规划等对轿车行业发展的影响等。

3.年度社会环境分析

包括中国人出行习惯变化、现代化快节奏生活方式、交通基础设施建设等对轿车行业发展的影响。

项目5：房地产行业外部环境分析

通过网络搜索、实地访谈等手段，对房地产行业发展的外部环境做出简要分析。分析报告2000字左右，主要应包括如下内容：

1.年度经济环境分析

主要包括经济发展情况、购买能力等方面对房地产市场的影响等。

2.年度产业政策分析

包括相关的房地产产业政策对房地产行业发展的影响等。

3.年度社会环境分析

包括中国人住房习惯的变化、交通条件的改善等对房地产行业发展的影响。

■教师讲解

行业发展的外部营销环境分析

这类环境因素主要包括人口环境、经济环境、自然环境、技术环境、政治与法律环境、社会与文化环境等。

一、人口环境

1.人口数量

人口数量是决定市场规模和潜量的一个基本要素，因此，按人口数目可大略推算市场规模。

2.人口结构

人口结构主要包括人口的年龄结构、性别结构、家庭结构、社会结构以及民族结构。

（1）年龄结构。不同年龄的消费者对商品的需求不一样。老年人、中年人、青年人与儿童等的需要是大不相同的。

（2）性别结构。反映到市场上就会出现男性用品市场和女性用品市场。男性与女性在消费心理与行为、购买商品类别、购买决策等方面有很大的不同。

（3）家庭结构。家庭是购买、消费的基本单位。家庭的数量直接影响到以家庭为基本消费单位的商品的数量，如住房、家用电器、汽车等。

二、经济环境

经济环境指影响企业营销活动的购买力因素,包括消费者的收入、消费支出倾向和消费结构及社会经济发展等内容。

1.消费者收入水平

"有钱才能消费",消费者收入水平对企业营销活动影响极大。不同收入水平的消费者,其消费的项目是不同的,消费的品质是不同的,对价格的承受能力也是不同的。

2.消费者支出模式

消费者支出模式是指消费者各种消费者支出的比例关系,也就是常说的支出结构。在收入一定的情况下,消费者会根据消费的急需程度,对自己的消费项目进行排序,一般先满足排序在前也即主要的消费。如温饱和治病肯定是第一位的消费,其次是住、行和教育;再次是舒适型、提高型的消费,如保健、娱乐等。

当家庭收入增加时,用于购买食物的支出比例下降,而用于服装、交通、保健、娱乐、教育的支出比例上升。这一研究结论被称为"恩格尔定律"。恩格尔定律的具体运用主要是通过计算恩格尔系数,恩格尔系数的计算公式:

$$恩格尔系数 = \frac{食物支出}{总支出} \times 100\%$$

食物支出占总消费量的比重越大,恩格尔系数越高,生活水平越低;反之,食物指出所占比重越小,恩格尔系数越小,生活水平越高。恩格尔系数反映了人们收入增加时支出变化的一般趋势,已成为衡量一个国家、地区、城市、家庭生活水平高低的重要参数。

在分析消费者支出模式时,还必须考虑我国消费者储蓄意识比较浓厚的这个特征。存的钱越多,用于消费的钱就越少。近年来,我国居民储蓄额和储蓄增长率均较大,使得国内消费总规模始终不能显著增长,影响了很多商品的销售。

三、自然环境

1.目前自然环境面临的危机

其主要表现在自然资源逐渐枯竭以及自然环境受到严重污染。

截至目前,世界经济是物质经济,是一种肆意挥霍原料、资源、能源等自然资源的经济,是一种严重依赖于矿物燃料作为发展动力的经济。这种经济模式属粗放型,不仅极大地消耗地球资源,而且使人类遭到空前污染。土壤沙化、温室效应、物种灭绝、臭氧层破坏,等等,环境的恶化正在使人类付出惨重的代价。

2.自然环境的变化对营销的影响

主要表现在以下方面:

(1)企业经营成本的增加。一方面,自然资源日趋枯竭和开采成本的提高,必然导致生产成本提高。另一方面,环境污染造成的人类生存危机,使得人们对环境的观念发生改变,环保日益成为社会主流意识。企业不仅要担负治理污染的责任,还必须对现有可能产生污染的生产技术和所使用的原材料进行技术改造,而这不可避免地加大了企业生产成本。

(2)新兴产业市场机会增加。环境变化给企业带来的市场机会主要体现在两个方面:一方面,为了应对环境变化,企业必须寻找替代的能源以及各种原材料,替代能源及材料生产企业面临大量的市场机会;另一方面,给环保型材料和各种治理污染设备生产企业等创造一个极大的市场。

四、技术环境

1.新技术引起的企业市场营销策略的变化

由于科学技术的迅速发展,新技术应用于新产品开发的周期大大缩短,产品更新换代加快。尤其在信息技术迅猛发展的今天,网上销售更成为未来企业产品分销的重要途径等等。

2.新技术引起的企业经营管理的变化

目前许多企业在经营管理中都使用电脑、传真机等设备,这对于改善企业经营管理。提高企业经营效益起了很大作用。现在,凡是大众化的商品,在商品包装上都印有条形码,使得结账作业迅速提高,大大提高了零售商店收款工作效率,缩短了顾客等候收款时间,提高了服务质量。

五、政治与法律环境

1.政治环境

在国内,安定团结的政治局面不仅有利于经济的发展和人们收入的增加,而且影响到人们的心理状况,导致市场需求发生变化。党和政府的方针、政策,规定了国民经济的发展方向和速度,也直接关系到社会购买力的提高和市场消费需求的增长变化。

对国际政治环境的分析,应了解"政治权力"与"政治冲突"对企业市场营销活动的影响。政治权力是政府通过采取某种措施限制外来企业及产品的进入,如进口限制、外汇控制、劳工限制、绿色壁垒等等。政治冲突则指的是国际上重大事件和突发性事件,这类冲突即使在以和平和发展为主流的时代也从未绝迹过。这种冲突对企业的市场营销工作的影响或大或小,或意味着机会或产生巨大的威胁。

2.法律环境

企业研究并熟悉法律环境,不仅可以保证自身严格依法经营和运用法律手段保障自身权益,还可通过法律条文的变化对市场需求及其走势进行预测。

六、社会与文化环境

1.教育状况

处于不同教育水平的国家或地区,对商品的需求不同,对商品的包装、装潢以及附加功能和服务的要求有差异。通常文化素质高的地区消费者要求商品包装典雅华贵,对附加功能有较多要求。教育状况不同对经销方式也会产生不同的影响。另外,企业的产品目录、产品说明书的设计要考虑目标市场的受教育状况。

2.价值观念

价值观念就是人们对社会生活中各种事物的态度和看法,不同的文化背景下,人们的价值观念相差很大,消费者对商品的需求和购买行为深受价值观念的影响。

3.消费习俗

不同的消费习俗,具有不同的商品需要。了解目标市场消费者的禁忌、习俗、避讳、信仰、伦理等是企业进行市场营销的重要前提。

结合项目,对5个行业发展的外部环境进行简单点评。

▇工作任务二　行业内部环境分析

项目1:方便面行业内部环境分析

通过网络搜索等手段,对方便面行业内部环境做出分析,并写出2000字左右的分析报告。报告应包括如下内容:

1.方便面行业市场需求分析

包括方便面市场需求特征、方便面行业市场总量分析、市场偏好及变化趋势等。

2.方便面市场竞争格局

包括方便面市场企业竞争格局分析、方便面市场品牌竞争格局分析等。

3.影响中国方便面市场发展因素分析

项目2:啤酒行业内部环境分析

通过网络搜索、实地访谈等手段,对啤酒行业内部环境做出分析,并写出2000字左右的分析报告。报告应包括如下内容:

1.啤酒行业市场需求分析

包括啤酒市场需求特征、啤酒行业市场总量分析、市场偏好及变化趋势等。

2.啤酒市场竞争格局

包括啤酒市场企业竞争格局分析、啤酒市场品牌竞争格局分析等。

3.影响中国啤酒市场发展因素分析

项目3:衬衫行业内部环境分析

通过网络搜索、实地访谈等手段,对衬衫行业内部环境做出分析,并写出2000字左右的分析报告。报告应包括如下内容:

1.衬衫行业市场需求分析

包括衬衫市场需求特征、衬衫行业市场总量分析、市场偏好及变化趋势等。

2．衬衫市场竞争格局

包括衬衫市场企业竞争格局分析、衬衫市场品牌竞争格局分析等。

3．影响中国衬衫市场发展因素分析

项目4：轿车行业内部环境分析

通过网络搜索、实地访谈等手段，对轿车行业内部环境做出分析，并写出2000字左右的分析报告。报告应包括如下内容：

1．轿车行业市场需求分析

包括轿车市场需求特征、轿车行业市场总量分析、市场偏好及变化趋势等。

2．轿车市场竞争格局

包括轿车市场企业竞争格局分析、轿车市场品牌竞争格局分析等。

3．影响中国轿车市场发展因素分析

项目5：房地产行业内部环境分析

通过网络搜索、实地访谈等手段，对房地产行业内部环境做出分析，并写出2000字左右的分析报告。报告应包括如下内容：

1．房地产行业市场需求分析

包括房地产市场需求特征、房地产行业市场总量分析、市场偏好及变化趋势等。

2．房地产市场竞争格局

包括房地产市场企业竞争格局分析、房地产市场品牌竞争格局分析等。

3．影响中国房地产市场发展因素分析

■ 教师讲解

关于行业内部营销环境

行业内部营销环境主要研究行业内部的竞争问题。

同行业各个企业之间存在一定的竞争是必然的。竞争就必然会对企业的营销活动带来较大的影响。

一、关于市场结构

市场结构指的是某一市场中各种要素之间的内在联系及其特征，包括市场供给者之间、需求者之间、供给和需求者之间以及市场上现有的供给者、需求者与正在进入该市场的供给者、需求者之间的关系。

一般的市场类型有四种：完全竞争、垄断、垄断竞争和寡头垄断。一个市场的结构依赖于买者和卖者的数量以及产品差别的大小。

四种市场结构中,完全竞争市场竞争最为充分,垄断市场不存在竞争,垄断竞争和寡头垄断既存在垄断,又具有竞争,但竞争并不充分。

决定四种市场结构的因素分别是企业可以进入该行业的自由程度、企业所生产的产品的性质、企业数目和企业对价格的控制程度。

完全竞争的特征:企业数目很多,进入不受限制,产品无差别,企业是价格的接受者。

垄断竞争的特征:企业数目若干或很多,进入不受限制,产品有差别,企业对价格有一定的控制能力。

寡头垄断的特征:企业数目少,进入受到限制,产品有差别,但差异较小,需求曲线向下倾斜,相对无弹性。

垄断的特征:数目只有一个,进入受到限制或完全受阻,产品独一无二,企业对价格有着强大的控制力。

二、关于竞争者

一个行业只有一个企业,或者说一个企业能够控制一个行业的完全垄断的情况在现实中很不容易见到。因此与同行的竞争是不可避免的。我们可以将企业的竞争对手分为四个层次:

(1)产品品牌竞争者。是指品牌不同,但满足需要的功能、形式相同的产品之间的竞争。如轿车中的"奔驰"、"宝马"以及"别克"等品牌之间的竞争。这是企业最直接而明显的竞争对手。这类竞争者的产品内在功能和外在形式基本相同,但因出于不同厂家之手而品牌不同。有关企业通过在消费者和用户中培植品牌偏好,而展开市场竞争。

(2)产品形式竞争者。是指是较品牌竞争者更深一层次的竞争者,即各个竞争者产品的基本功能相同,但形式、规格和性能或档次不同。如自行车既有普通轻便车,又有性能更优良的山地车,厂家通过在顾客中发掘和培养品牌偏好,来展开市场竞争。

(3)平行竞争者。这是潜伏程度更深的竞争者,这些竞争者所生产的产品种类不同,但所满足的需要相同。如汽车、摩托车或自行车都能满足消费者对交通工具的需要,消费者只能择其中一种。这属于较大范围的行业内部竞争。

(4)需求愿望竞争者。是潜伏程度最深的竞争者,不同竞争者分属不同的产业,相互之间为争夺潜在需求而展开竞争。如房地产公司与汽车制造商为争夺顾客而展开的竞争。顾客现有的钱如用于汽车购买则不能用于房子购买,汽车制造商与房地产公司实际是针对购买者当前所要满足的各种愿望展开争夺。

在上述四个层次的竞争对手中,品牌竞争者是最常见、最外在的,其他层次的则相对比较隐蔽、深刻。正是如此,在许多行业里,企业的注意力总是集中在品牌竞争因素上,而对如何抓住机会扩大整个市场、开拓新的市场领域,或者说起码不让市场萎缩,经常被忽略。所以,有远见的企业不会仅仅满足于品牌层次的竞争,关注市场发展趋势、维护和扩大基本需求优势更加重要。

■工作任务三　企业优劣势分析

　　企业优劣势分析是一种与行业内其他企业的比较分析。通过这种分析,可以发现自身的优势和劣势,以便扬长避短,制定适合自己企业实际情况的营销策略。

项目1:方便面类企业:康师傅与华龙优劣势比较分析

康师傅与华龙优劣势比较分析表

康师傅	华龙
优势	优势
劣势	劣势

项目 2:啤酒企业类:雪花与西湖的优劣势比较

雪花啤酒与西湖啤酒的优劣势比较分析表

雪花啤酒	西湖
优势	优势
劣势	劣势

项目3:衬衫企业类:金利来与雅戈尔的优劣势比较

金利来衬衫与雅戈尔衬衫的优劣势比较分析表

金利来	雅戈尔
优势	优势
劣势	劣势

企业优劣势比较分析

军事上说:知彼知己,百战不殆。企业在进行市场营销活动时,应该充分了解竞争者的情况,了解自己的优势与劣势,竞争者的优势与劣势。

企业优劣势比较也称之为 SWOT 分析法。SWOT 分别是:"优势"—Strengths、"弱势"—Weaknesses、"机会"—Opportunities、"威胁"—Threats 四个英文单词的第一个字母的缩写。通过 SWOT 分析,可以结合环境对企业的内部能力和素质进行评价,弄清楚企业相对于其他竞争者所处的相对优势和劣势,帮助企业制定竞争战略。

一、企业优势与劣势

企业优势与劣势分析实质上就是企业内部经营条件分析,或称企业实力分析。

优势是指企业相对于竞争对手而言所具有的优势人力资源、技术、产品以及其他特殊实力。充足的资金来源、高超的经营技巧、良好的企业形象、完善的服务体系、先进的工艺设备、与买方和供应商长期稳定的合作关系、融洽的雇员关系、成本优势等等,都可以形成企业优势。

劣势是指影响企业经营效率和效果的不利因素和特征,它们使企业在竞争中处于劣势地位。一个企业潜在的弱点主要表现在以下几方面:缺乏明确的战略导向、设备陈旧、盈利较少甚至亏损、缺乏管理和知识、缺少某些关键的技能、内部管理混乱、研究和开发工作落后、企业形象较差、销售渠道不畅、营销工作不得力、产品质量不高、成本过高等等。

二、环境机会与威胁

企业的机会与威胁均存在于市场环境中,因此,机会与威胁分析实质上就是对企业外部环境因素变化的分析。市场环境的变化或给企业带来机会或给企业造成威胁。环境因素的变化对某一企业是不可多得的机会,但对另外一家企业则可能意味着灭顶之灾。

环境提供的机会能否被企业利用,同时,环境变化产生的威胁能否有效化解,取决于企业对市场变化反映的灵敏程度和实力。市场机会为企业带来收益的多寡,不利因素给企业造成的负面影响的程度,一方面取决于这一环境因素本身性质,另一方面取决于企业优势与劣势的结合状况。最理想的市场机会是那些与企业优势达到高度匹配的机会,而恰好与企业弱点结合的不利因素将不可避免地消耗企业大量资源。

情境综合项目训练

1. 撰写一份康师傅方便面在浙江的营销环境分析报告（1000字）
2. 撰写一份雪花啤酒在浙江的营销环境分析报告（1000字）

情境三　目标市场选择与市场定位

　　目标市场选择是企业营销活动的主要环节。它主要解决企业应该把产品卖给谁的问题，或者说研究的是企业产品的目标顾客问题。在这个环节中，按照工作流程，分为三个阶段：市场细分——确定目标市场——为产品进行定位。其中市场细分是基础性工作，是为目标市场选择做准备。而市场定位则是目标市场选择工作的延续，其目的是寻求企业产品与目标顾客需求的一致性，从而更好地满足目标顾客的需求。

■工作任务一　市场细分

项目1：方便面市场细分

　　现在在市场上销售的方便面品牌繁多，品种繁多。这些不同品牌和品种的方便面满足了不同消费者的需求。方便面市场可以根据不同的标准划分成不同的细分市场。以下我们提供了一些方便面市场细分的标准，请你根据这些标准对方便面市场进行细分。例如根据收入不同，我们可以把方便面市场分为：高档方便面市场、中档方便面市场、低档方便面市场等三个细分市场。它们的价格区间分别在3元以上、1.5～3元、1.5元以下。

　　1. 根据地理位置的不同，可以把方便面市场分为：_____、_____、_____、_____、_____、_____等细分市场。

　　每个细分市场的特点是：_____。

　　2. 根据调料不同，可以把方便面市场分为_____、_____、_____、_____、_____等细分市场。

　　3. 根据使用场合的不同，可以把方便面市场分为_____、_____、_____、_____等细分市场。

　　每个细分市场的特点是：_____。

　　4. 其他细分方法。

　　根据上述方便面市场细分的一般方法，请选择任一品牌的方便面，如康师傅、华龙、统一等，对其市场细分进行分析。

项目2:啤酒市场细分

1. 根据收入的不同,可以把啤酒市场分为:_____、_____、_____等细分市场。各个细分市场的价格区间分别为_____、_____、_____。

2. 根据口味的不同,可以啤酒市场分为:_____、_____、_____等市场。

3. 根据使用场合的不同,可以啤酒市场分_____、_____、_____等市场。

4. 根据酒精度含量的不同,可以把啤酒市场分成_____、_____、_____等市场。

5. 其他细分方法。根据_____的不同,可以把啤酒市场分成:_____、_____、_____等市场。

根据上述啤酒市场细分的一般方法,对某一具体品牌的啤酒如雪花啤酒、西湖啤酒、红石梁啤酒等啤酒进行市场细分。

项目3:衬衫市场细分

1. 根据收入的不同,我们可以把衬衫市场分为:_____、_____、_____等细分市场。各个细分市场的价格区间分别为_____、_____、_____。

2. 根据性别的不同,可以把衬衫市场分为:_____、_____、_____等市场。

3. 根据使用场合的不同,可以衬衫市场分_____、_____、_____等市场。

4. 根据年龄的不同,可以把衬衫市场分成_____、_____、_____等市场。

5. 根据面料的不同,可以把衬衫市场分为_____、_____、_____、_____等细分市场。

6. 根据职业的不同,可以把衬衫市场细分为_____、_____、_____、_____等细分市场。

7. 根据学历的不同,可以把衬衫市场费为_____、_____、_____、_____等细分市场。

8. 其他细分方法。根据_____的不同,可以把衬衫市场分成:_____、_____、_____等细分市场。

根据上述衬衫市场细分的一般方法,对某一具体品牌的衬衫如金利来衬衫、雅戈尔衬衫、开开衬衫、红豆衬衫等进行市场细分。

项目4：轿车市场的细分

1. 根据使用目的的不同，可以把轿车分成：_____、_____、_____、_____等几种类型。

2. 根据价格的高低，可以把轿车分成：_____、_____、_____、_____等几种类型。

3. 根据排量的大小，可以把轿车分成：_____、_____、_____、_____等几种类型。

4. 根据生活方式的不同，可以把轿车分成：_____、_____、_____、_____等几种类型。

5. 根据使用者性别的不同，可以把轿车分成：_____、_____、_____、_____等几种类型。

6. 根据对品牌的忠诚度不同，可以把轿车分成：_____、_____、_____、_____等几种类型。

7. 其他细分方法。根据_____的不同，可以把轿车分成：_____、_____、_____、_____等几种类型。

项目5：房地产市场细分

1. 根据总价和单价的不同，可以把房地产分成：_____、_____、_____、_____等几种细分市场。

2. 根据房屋的类型，可以把房地产市场分成：_____、_____、_____、_____等几种细分市场。

3. 根据购买目的的不同，可以把房地产市场分成：_____、_____、_____、_____等几种细分市场。

4. 其他细分方法。根据_____的不同，可以把房地产市场分成：_____、_____、_____、_____、_____等细分市场。

■教师讲解

市场细分

所谓市场细分，就是以顾客需求的某些特征或变量为依据，对消费市场进行分类的过程。如按性别分类，可以把消费者分为男性消费者市场与女性消费者市场；如按收入水平分类，可以把消费者分为低收入消费者市场、中等收入消费者市场、高收入消费者市场等。这个过程就是市场细分。所分出来的市场就是细分市场。

在实际的市场细分工作中，可以有两个范围：一是对某类产品的市场细分，如对白酒消费市场的细分;二是对某种品牌产品的市场细分,如对利群香烟消费市场的细分。

很显然,不同细分市场的消费需求是不同的。如在服装市场上,高收入消费者追求的是服装的高质量与品位,能够接受高价格;中等收入消费者追求的是较好的质量和适当的品位,能够接受中等的价格;而低收入消费者追求的则是低廉的价格,对质量和品位方面要求不高等等。经过市场细分,在同类产品市场上,某一细分市场的顾客需求具有较多的共同性,而不同的细分市场之间的需求具有较多的差异性。企业应该明确有多少细分市场及各细分市场的主要特征。

生活用品市场(消费者市场)与生产资料市场(生产者市场)由于购买对象的不同,其细分的标准也是不同的。在这里我们指介绍消费者市场的细分标准。有关生产者市场的细分标准可以到中级知识部分进行学习。

一、消费者市场细分的依据

消费者市场可以根据地理、人文、心理、行为这四个基本方面进行细分。

1. 地理细分

它是根据消费者所处的地理位置、自然环境等地理因素来细分市场点的。由于不同地区在自然条件、气候、文化传统和消费水平等方面的差别,使不同地区消费者的需求、习惯和偏好存在较大差异,他们对企业所采取的市场营销组合策略可能会有不同的反应。如就食品市场而言,我国就有"南甜、北咸、东辣、西酸"之说。地理细分还可以按照地理区域、城市规模、人口密度、气候等因素再进行细分。

2. 人文细分

人文因素是区分消费者群体最常用的指标,消费者的需求、偏好和使用率与人文变量有密切的联系,并且人文变量比大部分其他类型的变量更容易衡量。下面我们选择几个主要的人文因素进行分析,其他因素可以此类推。

(1)年龄。包括服装、饮料、食品、玩具等许多产品都可按照年龄来细分市场。这些产品有一个共同特点,那就是他们的消费需求与消费者的年龄有密切关系。企业在按照年龄对消费者进行市场细分时,不仅要重视消费者的生理年龄,还要注意他们的心理年龄。

(2)性别。对于提供服装、化妆品以及杂志等性别差异较大的产品或服务的企业来说,性别是一个效果很显著的细分变量。

(3)收入。消费者收入是直接影响其需求的重要因素。按收入高低来细分市场几乎可以适用于所有产品和服务。收入是市场细分中最基本的细分标准之一。

(4)职业与教育。即按消费者职业的不同、所受教育的不同以及由此引起的需求差异细分市场。消费者的职业不同,其需求和购买行为也会有较大的差别。消费者受教育的程度则影响他们的价值观和审美观,也会使其消费行为和需求具有不同的特点。

(5)社会阶层。消费者所处的社会阶层不同,其在某些产品或服务的需求上会有不同的偏好。

3．心理细分

消费者心理不同,其消费行为也会有所不同。主要的心理细分标准有:

(1)生活方式。生活方式是指个体在成长过程中,在与社会诸要素相互作用下,表现出来的活动兴趣和态度模式。消费者的消费行为与其生活方式有着非常密切的关系。来自不同文化、社会阶层、职业的人有不同的生活方式。生活方式影响着人们对各种产品的兴趣和态度,人们的消费行为体现出他们的生活方式。

(2)个性。消费者的个性对其需求和购买动机有较大的影响。虽然人们的个性千差万别,多种多样,但也可以找出共性,将其归类。有的企业使用个性因素来细分市场,设计出产品的品牌个性,以吸引那些相应个性的消费者。

4．行为细分

它包括消费者购买时机与使用时机、利益、进入市场的程度、使用频率、对品牌的忠实程度、购买阶段、对产品的态度等。

在现代市场营销实践中,许多企业往往通过购买时机与使用时机细分市场。对于某些产品或来说,在不同的时间,消费者的需求特点和需求量是不同的。消费者购买商品时所追求的利益往往有所不同。根据消费者进入市场的程度情况,可将某种产品的整体市场分为经常购买者、初次购买者、潜在购买者等不同细分市场。根据消费者使用频率,可将某种产品的整体市场细分为大量使用者、中量使用者、少量使用者等细分市场。企业还可以根据消费者的忠实程度,可将某种产品的消费者分为坚定忠诚者、中度的忠诚者、转移型的忠诚者、经常转换者。

二、市场细分过程中应注意的问题

对于大多数企业来说,市场细分是十分必要的和非常重要的。它是企业营销活动中的具有重大战略意义的环节。企业在认真选择市场细分变量的同时,还必须在市场细分过程中注意下列问题:

1.市场细分并非对所有企业都是必要的和有效的,不同的企业在市场细分时,也应采取不同的标准和方法

不同的企业的生产技术条件、资源和产品是不同的,市场细分时所应采用的标准和方法也应不同,有些企业甚至是不需要进行市场细分的。例如,美国的可口可乐公司,就没有对其软饮料市场进行细分,它将整个市场视为同质的市场。

2.企业并非只依据一个变量对市场进行细分,有时可以依据多个变量对市场进行细分

市场细分的标准很多,而且各种标准相互影响、相互作用,市场细分往往需要根据产品整体市场的特点,综合各种标准来细分市场。

3.市场细分不是越细越好

市场细分过细,会增加产品的品种,减小生产批量,提高产品的复杂性,从而降低企业的规模效益降低,提高生产成本。

4.市场细分的标准是动态的,它是随着市场营销环境的变化而变化的

过去有效的市场细分现在不一定有效;现在有效的市场细分将来不一定有效。

在上述项目中,市场细分是重要的,也是客观存在的。在轿车市场,根据档次、排量、用途等细分也相当成熟。轿车还可以根据使用者的性别来细分。男性消费者与女性消费者在轿车需求上也有明显的不同。男人喜欢驾驭,男人选车更看重汽车传达给周边人的讯息,希望通过汽车来展示自己的实力、身份、爱好等等。威严的红旗 HQ3,冷峻的奔腾,典雅的荣威 750,儒雅的天籁,稳重的君越,率真的凯美瑞,动感的宝马 530Li,奢华的 300C,经典的奔驰 E 级,成功的奥迪 A6L,这些商务轿车所显现出来的不同特质更符合男人的消费心态,成为男士商务用车。而上海大众朗逸 2.0L、上海通用别克凯越 HRV1.8L、上汽荣威 550 1.8L、一汽大众新宝来 2.0L、一汽马自达 2.0L、长安福特福克斯三厢/两厢 2.0L、东风日产骐达1.6L、东风日产颐达 1.8L、一汽大众经典宝来 1.8L、东风雪铁龙凯旋 2.0L 等车型更受女士青睐。

工作任务二　目标市场的分析与选择

从营销流程看,在对市场进行细分后,就进入选择目标市场的阶段。所谓目标市场是指企业准备进入或已经进入的细分市场。

项目1:方便面产品目标市场的选择

任意选择一个品牌的方便面,对其目标市场进行分析。分析报告的主要内容应包括:1.该品牌方便面进入了哪些细分市场? 2.这些细分市场的特点是什么?3.企业进入这些细分市场的成效怎样? 4.你对企业目标市场选择的评价。

项目2:啤酒产品目标市场的选择

任意选择一个品牌的啤酒,对其目标市场进行分析。分析报告的主要内容应包括:1.该品牌啤酒进入了哪些细分市场? 2.这些细分市场的特点是什么? 3.企业进入这些细分市场的成效怎样? 4.你对企业目标市场选择的评价。

项目3:衬衫产品目标市场的选择

任意选择一个品牌的衬衫,对其目标市场进行分析。分析报告的主要内容应包括:1.该品牌衬衫进入了哪些细分市场? 2.这些细分市场的特点是什么? 3.企业进入这些细分市场的成效怎样? 4.你对企业目标市场选择的评价。

项目4:轿车目标市场的选择

任意选择一个品牌的轿车,对其目标市场进行分析。分析报告的主要内容应包括:1.该品牌轿车进入了哪些细分市场? 2.这些细分市场的特点是什么? 3.企业进入这些细分市场的成效怎样? 4.你对企业目标市场选择的评价。

项目5：房地产目标市场的选择

任意选择一个楼盘，对其目标市场进行分析。分析报告的主要内容应包括：1. 该楼盘进入了哪些细分市场？ 2.这些细分市场的特点是什么？ 3.企业进入这些细分市场的成效怎样？ 4.你对企业目标市场选择的评价。

■教师讲解

目标市场选择

市场细分的最终目的是为了选择和确定目标市场。企业的一切市场营销活动，都是围绕目标市场进行的。企业需要评价各种细分市场，根据企业的资源与能力来选择目标市场，并确定目标市场策略。

一、如何评估细分市场

目标市场是指在市场细分的基础上，企业要进入并开展营销活动的一个或一些细分市场。企业要确定细分市场，离不开对细分市场的评估。企业应从下两个方面分析和评估细分市场：

1.细分市场的吸引力

企业必须考虑潜在的细分市场的规模、成长潜力、盈利率、规模经济、风险等。大企业往往重视销售量大的细分市场，而小企业往往也避免进入大的细分市场，转而重视销售量小的细分市场。细分市场可能具有适度规模和成长潜力，然而如果这个细分市场的盈利率很低，则细分市场未必具有长期吸引力。

2.企业的目标和资源

某些细分市场虽然有较大的吸引力，但不符合企业长远的目标，因此，企业不得不放弃。即使某一细分市场符合企业的战略目标，企业还要考虑是否具备在细分市场获胜所必需的资源和能力。如果企业在细分市场缺乏必要的资源，并且无获得必要资源的能力，企业就要放弃这个细分市场。企业的资源和能力与竞争对手相比应该有一定的优势。如果企业无法向细分市场的消费者提供某些更有价值的产品或服务，它就不应贸然进入该细分市场。

二、选择目标市场的方式

在企业市场营销活动中，企业必须选择和确定目标市场。选择和确定目标市场，是企业制定市场营销战略的首要内容和基本出发点。企业应该根据其能力和资源条件选择具有较强吸引力的细分市场。企业选择目标市场的方式主要有以下五种：

1.市场集中化

市场集中化指企业只经营一种类型的产品,满足某一类顾客特定的需要。较小的企业通常采用这种策略。

2.选择专业化

选择专业化指企业同时进入若干个具有吸引力并且符合企业的目标和资源的细分市场作为目标市场,其中每个细分市场与其他细分市场之间的联系较小。企业要有针对性地向各个不同的顾客群提供不同类型的产品,以满足其特定的需要。这一般是生产经营能力较强的企业在几个细分市场均有较大吸引力时所采取的决策。其优点是可以有效地分散经营风险。

3.产品专业化

产品专业化指企业生产一种类型的系列产品,并将其销售给各个顾客群,满足其对一种类型产品的各不相同的需要。

4.市场专业化

市场专业化是指企业决定生产多种不同类型的产品,只将其销售给某一个顾客群,满足其多种需要。

5.全面进入

全面进入是指企业生产各种类型的产品,全面地满足市场上所有顾客群的不同需求。

显然,目标市场的选择对企业生产、经营、效益等活动都有重要影响。如果采用市场集中化策略,企业可能对市场需求的适应能力弱,经营风险大;如果采用全面进入战略,企业可能会增加生产经营的复杂性,难以提高企业的利润率。当企业实力较弱时,在运用上述策略时,一般先进入最有吸引力且最有条件进入的细分市场,只有在机会和条件成熟时才酌情有计划地进入其他细分市场,逐步发展壮大。

三、目标市场的营销方式

企业在市场细分、选择目标市场之后还要决定在这个目标市场里应该如何进行营销。目标市场的营销方式主要有无差异性营销、差异性营销、集中性营销三种。

1.无差异性营销

无差异性营销是指企业不考虑细分市场的差异性,把整体市场作为目标市场,只推出一种产品、只运用一种市场营销组合,为市场提供统一服务的营销方式。

营销活动只注意市场需求共性,而忽略其差异性。实施无差异市场营销战略的企业,可以推出一种类型的标准化产品,使用统一的包装与商标、相同的促销手段。试图以此吸引尽可能多的购买者。

其优点主要表现为成本的经济性。单一的产品,大批量的生产、储运和销售,必然降低单位产品的成本;无差异的广告宣传等促销活动可以减少促销费用;不进行市场细分也会相应地减少市场调研、产品开发、制定多种市场营销组合方案等方面的费用。

其缺点主要是不能满足消费者多样性需求。

2.差异性市场营销

差异性市场营销是指选择两个或两个以上细分市场作为目标市场,分别为之设计不同的市场营销组合,以满足各个细分市场的需要。由于采用差异性营销战略必然受到企业资源和条件的限制,小企业往往无力采用。

其优点是:可以提高企业产品的适销率和竞争力,减少经营风险,提高市场占有率。因为多种产品能分别满足不同消费者群的需要,扩大产品销售。某一、二种产品经营不善的风险可以由其他产品经营来弥补;如果企业在数个细分市场都有能取得较好的经营效果,就能树立企业良好的市场形象,提高市场占有率。所以,目前有越来越多的企业采用差异性市场营销战略。

其缺点是:由于运用这种策略的企业进入的细分市场较多,而且针对各个细分市场的需要实行了产品和市场营销组合的多样化策略,随着产品品种增加、销售渠道多样以及市场调研和促销宣传活动的扩大与复杂,企业各方面经营成本支出必然会大幅度增加。

3.集中性营销

集中性营销是以一个细分市场为目标市场,集中力量,实行专业化生产和经营的目标市场策略。采用这种策略通常是为了在一个较少的细分市场上取得较高的市场占有率,而不是追求在整体市场上占有较多的份额。这种策略被人称为"弥隙"策略,即弥补市场空隙的意思,适合资源薄弱的小企业。

其优点是目标市场集中,有助于企业更深入地注意、了解目标市场的消费者需求,使产品适销对路,有助于提高企业和产品在市场上的知名度。还有利于企业集中资源,节约生产成本和各种费用,增加盈利,取得良好的经济效益。

其缺点是企业潜伏着较大的经营风险。由于目标市场集中,一旦市场出现意外变化,如顾客爱好转移(特别是时尚消费)、消费者需求的突然变化、价格猛跌、或者出现强大的竞争对手等,企业就有可能因承受不了短时间的竞争压力,而立即陷入困境。所以,许多企业除非有特别的把握,否则宁可将目标市场分散些,学"狡兔"营造"三窟",以防止倾覆的风险。

■工作任务三　市场定位

市场定位简而言之就是产品给人的特色,或者说人们对这个产品的主要印象。一旦这种印象与消费者的购买需求一致,人们就会购买这种产品。

项目 1:方便面产品的市场定位

请任意选择 3 种品牌的方便面,对其市场定位进行分析。

品牌名称	品牌一	品牌二	品牌三
最大的特色是什么? (根据自己的理解进行判断)			
你对这种特色的评价			

项目 2:啤酒的市场定位

请任意选择 3 种品牌的啤酒,对其市场定位进行分析。

品牌名称	品牌一	品牌二	品牌三
最大的特色是什么? (根据自己的理解进行判断)			
你对这种特色的评价			

项目 3:衬衫的市场定位

请任意选择 3 种品牌的衬衫,对其市场定位进行分析。

品牌名称	品牌一	品牌二	品牌三
最大的特色是什么? (根据自己的理解进行判断)			
你对这种特色的评价			

项目 4:轿车的市场定位

请任意选择 3 种品牌的轿车,对其市场定位进行分析。

品牌名称	品牌一	品牌二	品牌三
最大的特色是什么? (根据自己的理解进行判断)			
你对这种特色的评价			

项目5：楼盘的市场定位

请任意选择3个正在销售的楼盘，对其市场定位进行分析。

楼盘名称	楼盘一	楼盘二	楼盘三
最大的特色是什么？ （根据自己的理解进行判断）			
你对这种特色的评价			

■教师讲解

市场定位

企业选择和确定了目标市场后，就进入了目标市场营销的第三个步骤——市场定位（positioning）。市场定位是目标市场营销战略重要的组成部分。它关系到企业及其产品在激烈的市场竞争中，占领消费者心理，树立企业及产品形象，实现企业市场营销战略目标等一系列至关重要的问题。

一、定位的概念和方式

产品定位是为了使产品产生与竞争者产品有明显区别的产品形象，为了能使本企业产品与竞争者产品显示出差异，必须对竞争对手产品的定位状况有足够的认识。因此，企业在进行产品定位时，一方面要研究顾客对产品各种属性的重视程度，另一方面要了解掌握竞争对手的产品特色，即把产品和顾客两方面联系起来，选定本企业产品的特色和形象，从而完成企业产品的市场定位。

1.市场定位的概念

市场定位，是指企业根据竞争者的产品在细分市场所处的地位和顾客对产品某些属性的重视程度，塑造出本企业产品与众不同的鲜明的特色或个性，并传递给目标顾客，使该产品在目标顾客心中占有一个独特的位置。市场定位是塑造一种产品在细分市场中的形象，这种形象塑造得是否成功取决于消费者的认可与接受程度。产品的特色和个性，有的可以从产品属性上表现出来，如形状、成分、构造、性能等；有的可以从消费心理上反映出来，如豪华、朴素、时髦、典型等。从理论上讲，凡是构成产品特色和个性的因素，都可以作为定位的因素。但是，企业的实际进行市场定位时，一般是依据目标市场对该产品的各种属性的重视程度，综合考虑竞争企业及其产品状况、自身的条件等一系列问题，选择定位的因素，从而完成产品的市场定位。

2.市场定位的方式

在企业的目标市场中，通常竞争对手的产品已经在顾客心目中树立起了一定的形象,占有一定的位置。企业要想在目标市场上成功地树起自己产品独特的形象,就需要针对这些企业的产品,进行适当的定位。产品市场定位的基本方式主要有以下几种:

(1)从时间过程来看,定位方式可以分为最初定位和重新定位。

最初定位,即企业向市场推出一种新产品之前对其进行的第一次定位。

重新定位也称为二次定位,是指企业改变产品特色或改变目标顾客对其原有的印象,使目标顾客重新认识其新形象的过程。当产品最初定位不合适,消费者或用户的需求与偏好发生了变化,竞争者推出的产品侵占了本企业品牌的部分市场时,企业往往调整定位。不过,有时重新定位也并不是因为产品陷入困境内,而是因为产品意外地扩大了销售范围引起的。

(2)从竞争的内容来看,即从企业定位时侧重于强调安排哪些定位对象因素的角度来考察,市场定位的方式可以划分为若干种。企业可以选择产品的某一种或几种因素,来为企业的产品定位。

(3)从竞争的关系来看,定位方式可以分为避强定位和迎头定位。

避强定位,这是一种避开强有力的竞争对手的定位方式。企业通过分析市场中竞争对手的产品的定位状况,从中找出尚未被占领、但又为许多消费者所重视的“空白点”,来为本企业产品确定市场位置。采用这种定位方式一般能够比较迅速地进入目标市场、站稳脚跟,并能较快地在消费者或用户中树立起鲜明的形象。

迎头定位策略是指企业选择靠近现有竞争者或与现有竞争者重合的市场位置,争夺同样的消费者,彼此在产品、价格、分销及促销等各个方面差别不大。迎头定位策略就是与市场上最强的市场竞争对手“对着干”定位方式。采用这种定位方式时,必须对企业和竞争对手的实力做出客观的分析与评价。这种定位方式虽然有较大的风险性,然而一旦成功就会取得较大的市场优势。采用这种策略不一定要打垮对手,只要能够平分秋色就是很大的成功。

二、市场定位的方法

企业推出的每种产品,都需要选定其特色和形象。现有产品在其原有定位已经不再具有生命力时,亦需要重新作出定位决定,对产品的市场定位,可以应用多种方法,归纳起来讲有以下五种。

1.根据产品的特色定位

这种定位可以强调与其他同类产品的某一特征。

2.根据为顾客带来的利益、解决问题的方式定位

产品本身的属性及由此获得的利益、解决问题的方法及需求满足的程度,能使顾客感受到它的定位。例如在汽车市场,德国的“大众”享有“货币的坐标”之美誉,日本的“丰田”侧重于“经济可靠”,瑞典的“沃尔沃”讲究“耐用”。

在有些情况下,新产品更应强调某一种属性。如果这种属性是竞争者无暇顾及的,这种策略就越容易见效。

3.根据产品的专门用途定位

这是产品定位的好方法。为老产品找到一种新用途,也是为该产品创造新的市场定位的好方法。

4.按用户种类定位

即由产品使用者对产品的看法确定产品形象。如维生素 C 和含维生素 C 的产品已进入大众的日常生活,人们已经不再将其看作药品,而是作为营养品、添加剂,甚至作为保持好身材的助手,西方许多企业在奶制品、水果、蔬菜、粮食、化妆品、牙膏、点心和动物饲料中添加。

情境综合项目训练

1.设定自己是某产品的市场营销经理,针对你所经营的产品,分析研究"谁是你的客户","目标市场在哪里",为你的产品撰写一份目标市场选择与市场定位报告。

2.为××文化商业街、文化商贸节或文化游乐园撰写一份市场定位策划报告。

企业项目

项目 1:A 牌啤酒市场细分

1.消费者细分(以年龄为细分项目)

年龄(岁)	口味	包装	消费水平	消费心理	饮用时间	饮用场所	饮用量	购买便利要求	备注
18～25									
26～30									
31～40									
41～50									

2.消费者细分(以职业为细分项目)

职业	口味	包装	消费水平	消费心理	饮用时间	饮用场所	饮用量	购买便利要求	备注
脑力劳动者									
轻体力劳动者									
重体力劳动者									
其他									

项目2：区域市场细分与竞争策略

背景：

2001年10月四川A啤酒与B啤酒合资设立四川AB啤酒有限公司。四川啤酒市场竞争状况发生了很大变化，即由B集团和A集团两家激烈竞争的状况改变成AB独家相对垄断竞争的市场状况。2002年四川AB公司应如何制定市场竞争策略？

市场状况：

○AB：有10多个品牌上百多个品种，四川全区域综合市场占有率72％；在重庆的销售的品牌有A、B，综合市场占有率7％。

○竞争对手1：重庆啤酒集团品牌有重庆、山城、勃克等20多个品种，四川全区域综合占有率15％，在重庆的占有率80％。

○竞争对手2：青岛啤酒集团品牌有青岛、青岛大众、山水、天府等20多个品种，川渝两地全区综合占有率6％。

形势分析：

○新组建的四川AB啤酒有限公司必须尽快整合，利用相对市场优势实现较高的市场利润。

○竞争对手将利用四川AB整合的空间抓住市场机遇加大对四川区域的市场投入，乘机抢占部分市场。

○四川AB有限公司虽然在川内的综合占有率72％，但其在全川的各区域的市场表现是不平衡的，所具有的优劣势和面临的威胁程度不一致的，这些不同的区域应采取不同的竞争策略，以实现公司市场最大化和利润最大化的目标。

竞争策略：

1.市场细分

根据市场调查将目标市场按竞争状况细分为四个类型：垄断区域市场、竞争型市场、挑战型市场、拓展型市场。其细分的情况见下表：

项　目	市场特点	市场区域
垄断区域市场	市场份额占80％以上，市场销量位居行业领导地位，渠道强势	成都、德阳、绵阳、广元、乐山
竞争型市场	市场份额占35％～70％，具有一定竞争实力，市场格局处于相对稳定	川南、成渝、达州、南充、广安、攀西
挑战型市场	市场份额占7％左右、竞争对手综合优势明显、但对公司有战略意义	重庆
拓展型市场	在集团规定的有效销售范围内，为公司长远打算打下基础	陕西、甘肃、西藏、云南、贵州及白区市场

2.区域市场竞争策略

○垄断市场：巩固市场的优势以获取利润为第一目标，优化整合AB品牌的产品市场结构,在主流酒市场上形成 AB 品牌竞争占有的格局,限制竞争对手在主流酒市场的发展,通过自己的地方品牌低价策略将竞争对手引入低端及农村市场。

○竞争市场:在巩固现有市场基础上调整产品结构,适度提高主流及低价酒的价格,以观对手动态再相应调整反击,保护成都川西市场的垄断地位的相对稳定发展。

○挑战市场:对重庆主城区投放 A 品牌,向重啤进行正面的战略性进攻。

○拓展市场:进入云南和陕西部分市场,以获取利润为主要目标,投放 A 品牌为今后发展建立基础。

营销措施:

○垄断市场:经销商原销售的品牌维持不变继续不便形成 AB 两大品牌商家阵营,以维护市场渠道的相对稳定;大幅度提高主流酒及低价酒的价格。分三步实施:①减少渠道费用的投入,吨酒费用控制在×元/吨以内;②根据区域市场情况计划供应低价酒;③控制低价酒的销售量。

○竞争市场:适度提高主流酒和低价酒的价格,适度增加渠道促销费用的投入,吨酒费用控制在×元/吨以内,其他情况同垄断市场一致。

○挑战市场:维持低价酒和主流酒的价格,新上市的 A 啤酒与重啤的主流酒为竞争,加强市场投入和渠道促销费用,吨酒费用水平达×元/吨,以树立品牌形象为主要目标。

○拓展市场:以建立渠道为目标,适度促销和定价原则,以保持区域边际贡献。

效果评估:

○2002 年全年总销量比上年提高 2 万吨基本维持市场占有率,吨酒销售利润达×元,其中最高的区域成都为×元/吨,最低的川北区域为×元/吨,实现了公司的利润增长和巩固市场的目标。

○竞争市场:销量比同期略高 1%,市场占有率略有下降,吨酒销售利润达×元/吨,其中最高的区域为×元/吨,最低的区域为川南×元/吨。基本实现公司的市场维持和利润增长的目标,形成了有市场价值的川渝防护带。

○挑战市场:销量比同期有较大的提高 30%,市场占有率略有提高,吨酒利润达×元/吨,没有实现公司的挑战性增长目标。

○拓展市场:销量比同期有一定的提高,吨酒利润×元/吨,基本实现公司目标。

情境四 产品策略分析

■工作任务一 品牌策略

项目1：品牌忠诚度分析

消费者在购买产品时，品牌是一个重要的考虑因素。一般会购买自己熟悉以及喜欢的品牌。这就是品牌忠诚度的问题。对某品牌越忠诚，越有可能去购买。请对方便面、啤酒、衬衫、轿车等产品的品牌忠诚度进行调研和分析。

表一

品牌忠诚度调查表

调查产品：＿＿＿＿＿＿＿

调查人：＿＿＿＿＿＿

调查人数：＿＿＿＿＿＿

你在购买该产品时，对品牌有要求吗？（请在所选项目前打钩）

- 对品牌无所谓
- 只购买几个品牌
- 只愿意购买一个品牌

2.列举自己喜欢的品牌（根据喜欢程度排序）

第一，

第二，

第三，

3.你喜欢某个品牌的理由是什么？

表二

品牌忠诚度分析表

调查产品：_____

调查人：_____

调查人数：_____

在被调查人数中，对品牌无所谓的为_____人，占_____%；

只购买几个品牌_____人，占_____%；

只愿意购买一个品牌_____，占_____ %。

被调查人喜欢的品牌排序：

购买人数第一的品牌为_____，有_____人愿意购买。

购买人数第二的品牌为_____，有_____人愿意购买。

购买人数第三的品牌为_____，有_____人愿意购买。

购买人数第四的品牌为_____，有_____人愿意购买。

购买人数第五的品牌为_____，有_____人愿意购买。

消费者选择购买某个品牌的理由有哪些？

■教师讲解

品牌的概念与品牌忠诚度

品牌是产品战略中的重要内容。市场竞争程度较高的产品领域中往往会存在多个互相竞争的品牌，其中目标市场比较接近的品牌之间的竞争程度尤为激烈。

一、品牌的内涵与分类

1.什么是品牌

品牌是一种名称、名词、标记、符号或设计，或是它们的组合运用，其目的是借以辨认某个销售者或某群销售者的产品或劳务，并使之同竞争对手的产品或劳务区别开来。由于消费者视品牌为产品的一个重要组成部分，因此建立品牌能够增加产品的价值。

2.品牌的组成

一个产品的品牌由品牌名称和品牌标志所组成。品牌名称是指品牌中可以用语言称呼的部分，即品牌中可以发出声音的部分；品牌标志是指一种难以用语言表述的符号、标记设计、独特的颜色或字母等，品牌中不能发出声音，但可以辨认的部分。

3.品牌与商标的区别

品牌和商标既有联系又有区别。两者共同点在于都用来显示企业产品的特性，区别于其他同类产品。品牌与商标的不同点主要体现在以下几点：

(1)概念的偏重点不同。品牌是市场概念或管理概念,用来传播企业或产品形象;商标是法律概念,是指受法律保护的品牌或品牌中的某一部分,即经过申请、有关部门审查并批准、受法律保护的品牌。

(2)管理的重点不同。商标管理的重点在于组成商标的文字、图案、颜色或者其组合的设计和保护;品牌管理的重点在于赋予品牌以形象意义和建立品牌资产。

(3)一般来说,商标管理是品牌管理的一个内容。

(4)一个品牌往往是一个更为复杂的符号标志,它能表达以下六层含义:

①属性:一个品牌首先使人想到某些特定的属性。如海尔家电的质量、服务。

②利益:品牌反映出能带给消费者的情感和功能利益,由属性转化而成。如:"可获得良好的服务。"

③价值:品牌还体现了该制造商的某些价值,如一种海尔品牌的价值感。

④文化:品牌可以象征一定的文化,即表达一定的文化内涵,如海尔企业文化。

⑤个性:品牌代表了一定的个性,如向上、开拓、老总的特征。

⑥使用者:品牌建议或暗示购买或使用该产品的消费者类型,或购买这一品牌产品的消费者特征。

二、品牌忠诚度

品牌忠诚度是指消费者在购买决策中,多次表现出来对某个品牌有偏向性的(而非随意的)行为反应。它是一种行为过程,也是一种心理(决策和评估)过程。品牌忠诚度的形成不完全是依赖于产品的品质、知名度、品牌联想及传播,它与消费者本身的特性密切相关,靠消费者的产品使用经历。提高品牌的忠诚度,对一个企业的生存与发展,扩大市场份额极其重要。

1.品牌忠诚度的构成

品牌忠诚度是品牌价值的核心。它由五级构成:

(1)无品牌忠诚者。这一层消费者会不断更换品牌,对品牌没有认同,对价格非常敏感。哪个价格低就选哪个,许多低值易耗品,同质化行业和习惯性消费品都没有什么忠诚品牌。

(2)习惯购买者。这一层消费者忠于某一品牌或某几种品牌,有固定的消费习惯和偏好,购买时心中有数,目标明确。如果竞争者有明显的诱因,如价格优惠、广告宣传、独特包装、销售促进等方式鼓励消费者试用,让其购买或续购某一产品,就会进行品牌转换购买其他品牌。

(3)满意购买者。这一层的消费者对原有消费者的品牌已经相当满意,而且已经产生了品牌转换风险忧虑,也就是说购买另一个新的品牌,会有风险,会有效益的风险,适应上的风险等。

(4)情感购买者。这一层的消费者对品牌已经有一种爱和情感,某些品牌是他们情感与心灵的依托,如一些消费者天天用中华牙膏、雕牌肥皂,一些小朋友天天喝的娃哈哈果奶,可口可乐改配方招致了游行大军等等,能历久不衰,就是已经成为消费者的朋友,生活中不可缺的用品,且不易被取代。

（5）忠诚购买者。这一层是品牌忠诚的最高境界，消费者不仅对品牌产生情感，甚至引以为骄傲。如欧米茄表、宝马车、劳斯莱斯车、梦特娇服装、鳄鱼服饰、耐克鞋的购买者都持有这种心态。

品牌忠诚度的价值主要体现在以下几方面：①降低营销成本，增加利润；②易于吸引新顾客；③提高销售渠道拓展力，拥有高忠诚度的品牌企业在与销售渠道成员谈判时处于相对主动的地位；④面对竞争有较大弹性。

2.品牌忠诚度的衡量

（1）顾客重复购买次数。在一定时期内，顾客对某一品牌产品重复购买的次数越多，说明对这一品牌的忠诚度就越高，反之就越低。

（2）顾客购物时间的长短。一般来说，顾客挑选时间越短，说明他对某一品牌商品形成了偏爱，对这一品牌的忠诚度越高。

（3）顾客对价格的敏感程度。消费者对价格都是非常重视的，但并不意味着消费者对各种产品价格敏感程度相同。事实证明，对于喜爱和信赖的产品，消费者对其价格变动的承受能力强，即敏感程度低；而对于不喜爱的产品，消费者对其价格变动的承受能力弱，即敏感度高。

（4）顾客对竞争产品的态度。如果顾客对竞争对手产品兴趣浓，好感强，就说明对某一品牌的忠诚度低。如果顾客对其他的品牌产品没有好感，兴趣不大，就说明对某一品牌产品忠诚度高。

（5）顾客对产品质量问题的态度。如果顾客对某一品牌的印象好，忠诚度高，对企业出现的问题会以宽容和同情的态度对待，相信企业很快会加以处理。

项目 2：企业品牌策略调研

品牌是一种名称、名词、标记、符号或设计，或是它们的组合运用，其目的是借以辨认某个销售者或某群销售者的产品或劳务，并使之同竞争对手的产品或劳务区别开来。由于消费者视品牌为产品的一个重要组成部分，因此建立品牌能够增加产品的价值。

不同企业所采用的品牌策略是不同的。请对表中所列企业的品牌策略进行调研。

企业品牌策略调研表

产品种类：_____

序号	企业名称	企业所有产品使用一个品牌（标出品牌名称）	企业不同类别的产品使用不同的品牌（标出品牌名称）	企业一个产品使用多个品牌（标出品牌名称）
1				
2				
3				
4				
5				

■教师讲解

品牌决策

营销人员在品牌化工作中要进行挑战性的决策，其主要的决策如图 4.1 所示，我们将逐一讨论。

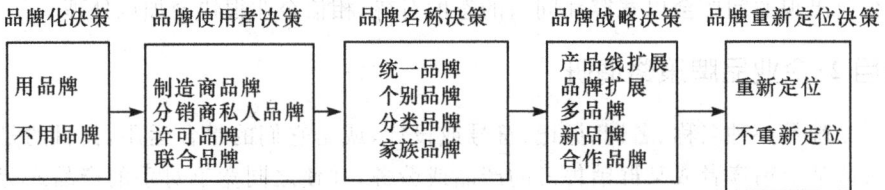

图 4.1　品牌化决策一览表

一、品牌化决策

品牌化决策是指公司是否要给产品安排一个名称，主要要决定企业是否使用品牌还是不用品牌的问题。

(1)不要品牌。在现在，仍然有些产品没有品牌；无品牌产品提供标准化的质量或者较低的质量，其售价可能低于在全国范围内做广告的产品的 20％～40％，低于有专属标记品牌产品的 10％～20％。这些产品之所以售价较低，是因为使用的产品配料质量较低，用于产品的标签和包装费用较少，以及广告宣传费用压到最低水平。

(2)使用品牌。随着品牌化的发展如此迅速，以致今日很少有产品不使用品牌。使用品牌不仅可以给企业带来好处，同时也可以给顾客带来利益。对顾客来说,品牌提供了差别化和选择的机会;简化了购买决定,特别对于技术复杂的产品;提供了质量保证和全面承诺;满足顾客的归属感和自我表现的需要。对企业来说,由于消费者对企业品牌的认知和忠诚,可以节约营销成本;品牌知名的企业在与分销商的谈判中处于有利地位;品牌知名企业的产品售价可以高于竞争对手,因为品牌意味着质量;企业可以在同一知名品牌下推出多种产品;品牌可使企业在一定程度上抵御竞争者降价的冲击。

二、品牌持有者决策

品牌持有者决策即品牌所有权决策,就是使用谁的品牌。制造商在如何使用品牌方面有好几种选择,产品可能以属于制造厂商的品牌推入市场,也可能有制造商厂商以一个经特许的品牌、名称推入市场。

(1)制造商品牌,有时称为全国性品牌,是由生产商所有并在全国范围内推广的品牌,如海尔企业。

(2)私人品牌,又称为中间商品牌或代理商品牌或经销商品牌,是零售商或批发商创建并拥有的品牌,如 Carrefour 自有品牌产品(400 种):洗发露与沐浴露(上海美臣化妆品有限公司)、香皂(南京制造商)、饼干(广州)等。

(3)特许品牌,指一些不知名的企业会出巨资获得使用另一家企业品牌的权利,被使用的品牌通常具有较高的声望和知名度,并且往往与购买品牌使用权的企业不属同一个行业,如麦当劳。

(4)联合品牌,是指(分属不同企业的)两个或多个品牌进行合作的一种形式,这些品牌在消费者心目中具有较高的认知度,而它们各自的品牌名称又都保留在联合品牌之中,其中每个品牌的持有人都希望另一个其他品牌能够强化消费者的品牌偏好或者购买意愿。

三、品牌名称决策

企业在为其生产的不同品类、规格、质量的产品选择品牌名称时,有四种品牌名称策略可供选择。

(1)统一品牌决策。即企业生产的所有产品都采用统一的品牌,如飞利浦,GE,"娃哈哈"。其好处是:新品推出时,可以节省品牌的设计费、广告费;当已有品牌在市场有良好的形象和口碑时,有利于新产品迅速进入;在统一品牌下,各种产品能相互影响,扩大销售。但是采用该策略的弊端是:"一荣俱荣,一损俱损",即任何一种的失败都会使其他产品或企业的声誉受到影响。采用该策略必须具备的条件是:已有品牌具有一定的市场基础和品牌知名度、所有产品具有相同的质量水平。

(2)个别品牌决策。即企业生产的每种产品采用不同的品牌名称,如 P&G 公司:"潘婷"、"飘柔"、"海飞丝"。其主要好处是不会因为个别产品的失败而影响企业的声誉和其他产品的销售,另外企业可以对各产品品牌进行个别定位,从而获得不同的细分市场。但是企业的资源投入分散,且要求企业具有较强的品牌管理能力。

(3)分类品牌决策。即产品的不同类型或产品的质量水平,各产品线分别使用不同品牌。例如,饮料与洗衣粉就不宜采用同一品牌。多元化企业,或当企业生产的产品类别差异化明显,往往采用该策略。

(4)企业名称加个别品牌名称。又称为家族品牌,即在每一产品品牌名称前冠以企业名称,企业名称可使产品正统化,而产品品牌可体现新产品的个性化,如松下爱妻号洗衣机。这种策略的好处是企业名称可使产品正统化,而单个品牌名称又可使新产品个性化,既有利于利用企业已建立起来的声誉带动新品的销售,使企业各类产品相互促进,节省广告促销费,又可使各品牌保持相对的独立性。但要注意不要因品牌声誉不好而影响公司的形象。

企业规定品牌名称可以使企业易于管理订货,使企业有可能吸引更多品牌忠诚者,此外还有助于企业细分市场,有助于树立良好的企业形象。但是产品品牌化也使企业增加了成本和费用,企业必须在经过权衡之后做出正确的品牌决策。

四、品牌战略决策

品牌战略将根据功能性品牌、形象性品牌或体验性品牌来区别定位。功能性品牌是指消费者购买主要是为了满足功能性的需要。如果消费者认为品牌提供了非凡的作用或非凡的价值,那么,他们在功能性品牌上就得到了最大的满足。这种品牌在很大程度上依赖"产品"或"价格"特征。形象性品牌是指其出现是由于出现了一些难以同其他产品区分、难以评价质量,难以表达用户感受产品或服务。体验性品牌包括了那些不仅仅希望获得商品的顾客。随着时间推移,各种品牌也可以进一步延伸。一个企业可以采用扩充产品线、扩展品牌(品牌延伸)、增加新品牌、采用多品牌、合作品牌或双重品牌策略。

五、品牌重新定位决策

即使品牌目前的表现极佳,但当面临新的竞争者或顾客偏好的改变时,企业便须重新定位品牌,以适应不断变化的环境。无论品牌在市场中定位多好,公司随后都可能会采取重定位决策,尤其是当竞争者继该公司品牌之后推出新品牌,争夺市场或消费者偏好改变,使得该品牌需求减少时。品牌重新定位就是对品牌进行再次定位,旨在摆脱困境、使品牌获得新的增长与活力。品牌重新定位与原有定位有截然不同的内涵,它不是原有定位的简单重复,而是企业经过市场的磨炼之后,对自己、对市场的一次再认识,是对自己原有品牌战略的一次扬弃。

品牌重新定位有企业本身的原因,也有外部环境的原因,一般表现在四个方面:原有定位是错误的;原有定位阻碍企业开拓新市场;原有定位削弱品牌的竞争力;消费者偏好和需求发生变化。

项目3:品牌欣赏与设计

品牌设计是企业营销的一个重要内容。一个好的品牌是企业营销取得成功的重要条件。品牌设计是企业决策层的工作任务。对在大中型企业就业的毕业生来说,他们一般不会涉及品牌设计工作。而对在小企业就业尤其是自主创业的学生来说,能够设计品牌是一项必需的营销技能。

本项目分两个部分。第一部分学习品牌设计的成功案例,第二部分自己设计品牌。

一个好的品牌,其设计必须是上乘的。它应该符合产品的特性和目标消费者的特征,在产品印象、视觉和传播等方面具有明显优势。

1.品牌欣赏与点评

请对下列品牌进行点评,指出其精彩之处。

啤酒类品牌:

1.青岛啤酒	2.雪花啤酒	3.西湖啤酒

衬衫类品牌:

1.雅戈尔	2.开开	3.步森

4.虎豹	5.罗蒙	6.红豆

雅戈尔 CONCH 海螺 开开衬衫

HODO 才子 TRiES HU BAO CLASSIC

BUSEN 罗蒙 ROMON

报喜鸟 SAINT ANGELO

轿车类品牌：

| 阿尔法 | 阿斯顿-马丁 | 宝马 | 宝腾 | 保时捷 | 奔驰 | 本田 |

| 别克 | 大宇 | 大众 | 法拉利 | 菲亚特 | 丰田 | 福特 |

德国欧宝	德国凯斯宝尔	德国大众	德国保时捷

德国宝马	德国奔驰	意大利兰西亚	意大利边赤

日产·总统	日产·柴油	日本龟牌	瑞典富豪
意大利平尼法离那	意大利博通	法国文图瑞	日本丰田

丰田凌志	德国·猛狮	日本尼桑	日本·无限

英国阿斯奎斯	德国奥迪	德国奥迪	意大利阿尔法

意大利菲亚特	意大利·托马索	意大利布加迪	意大利法拉利

英国凯旋	英国伏克丝	英国利兰	英国劳斯莱斯

情 境 四 产品策略分析

■教师讲解

品牌命名及品牌标志设计

一个产品的品牌由品牌名称和品牌标志所组成。品牌名称是指品牌中可以用语言称呼的部分，即品牌中可以发出声音的部分；品牌标志是指一种难以用语言表述的符号、标记设计、独特的颜色或字母等，品牌中不能发出声音，但可以辨认的部分。

一、品牌命名

一个好的品牌名称是品牌被消费者认知、接受、满意乃至忠诚的前提，品牌的名称在很大程度上影响品牌联想，并对产品的销售产生直接的影响。品牌名称作为品牌的核心要素甚至会直接导致一个品牌的兴衰。因此企业在一开始就要确定一个有利于传达品牌定位方向，且利于传播的名称。尽管品牌命名没有固定的标准，但我们从国内外知名品牌的成功经验或有些品牌失败的教训中可总结出品牌命名的一些基本规则。

1. 品牌命名的原则

（1）易读、易记原则。在商品品牌的汪洋大海中，要想使品牌被消费者记住，首要的一点是，品牌名称应让消费者易读、易记。品牌名称只有易读、易记，这样才能高效地发挥它的识别功能和传播功能。如何使品牌名称易读、易记呢，这就要求产品经理在为品牌取名时做到以下几点：

第一，简洁。名字单纯、简洁明快，易于传播。

第二，独特。名称应具备独特的个性，避免与其他品牌名称混淆。如"老人头"、"花花公子"、"三星"、"金龙鱼"等。

第三，新颖。这是指名称要有新鲜感，赶时代潮流，创造新概念。如"喜之郎"、"自由鸟"、"经理人"、"步步高"等。

第四，响亮。这是指品牌名称要易于上口，难发音或音韵不好的字，都不宜做名称。

第五，高气魄。这是指品牌名称要有气魄，起点高、具备冲击力及浓厚的感情色彩，给人以震撼感。

（2）暗示产品属性原则。品牌名称还可以暗示产品某种性能和用途。例如"999胃泰"，它暗示该产品在医治胃病上的专长。类似的还有"捷达"轿车、"洁银"牙膏、"美尔雅"服装等。

（3）启发品牌联想原则。正如人的名字普遍带有某种寓意一样，品牌名称也应包含与产品或企业相关的寓意，让消费者能从中得到有关企业或产品的愉快联想，进而产生对品牌的认知或偏好。品牌名称能让人引发积极的品牌联想，如"孔府家酒"——悠久的历史,灿烂的文化,中国的儒家文化。相反,如果品牌命名不当,容易引起人们的反感,甚至引起法律纠纷。

(4)与标志物相配原则。品牌标志物是指品牌中无法用语言表达但可被识别的部分,当品牌名称与标识物相得益彰、相映生辉时,品牌的整体效果会更加突出。如今,有些还在呀呀学语的幼儿只要看到麦当劳醒目的黄色"M"时,便要想到要吃汉堡包。

(5)适应市场环境原则。不同国家或地区消费者因民族文化、宗教信仰、风俗习惯、语言文字等的差异,使得消费者对同一品牌名称的认知和联想是截然不同的。因此品牌名称要适应目标市场的文化价值观念。在品牌全球化的趋势下,品牌名称应具有世界性。企业应特别注意目标市场的文化、宗教、风俗习惯及语言文字等特征,以免因品牌名称在消费者中产生不利的联想。

(6)受法律保护原则。品牌名称受到法律保护是品牌被保护的根本。产品经理在命名时就应遵循相关的法律条款。品牌名称的选定首先要考虑该品牌名称是否有侵权行为,产品经理要通过有关部门,查询是否已有相同或相近的品牌被注册,如果有,则必须重新命名。其次,要注意该品牌名称是否在允许注册的范围以内。有的品牌名称虽然不构成侵权行为,但仍无法注册,难以得到法律的有效保护。例如,武汉的一家餐饮企业最初取名为"小南京",在短短的几年内该企业迅速成为武汉乃至湖北的知名餐饮品牌。当经营者准备申请注册时才知道,我国商标法规定地名是不能作为商标名称进行注册的,当然也就不会受到法律的保护。幸运的是,该企业运用了"南京"的谐音"蓝鲸",将"小南京"改为"小蓝鲸",加上一定程度的宣传,使消费者较快认可了新品牌名称。但品牌名称变动中的直接和间接损失是企业不可忽视的。

2.品牌命名的策略

品牌命名的目的是让品牌名称尽可能直接地服务于营销,有以下这些基本的策略需要考虑:目标市场策略、产品定位策略、描述性与随意性的选择策略、当地化与全球化的选择策略。

(1)目标市场策略。这项策略根据目标市场的特征(包括人口统计、心理和行为等)进行命名,在具体做法上是让品牌名称发挥暗示作用,暗示产品消费对象或迎合目标对象所处的特定文化背景和心理需要。

(2)产品定位策略。产品定位策略是让品牌名称引发起消费者对产品特征、利益、使用场合、档次(价格)和其所属类别的有利联想。

(3)描述性与独立随意性的选择策略。品牌名称有两种最基础的作用:识别产品或服务;传播信息。一个品牌名称越是一个独立的字词组合,越是不与其他名称接近或可以比较,那么它发挥的识别作用就越强。相反,一个品牌名称越是采用了有明确含义的词汇,越可能与其他名称的关系接近,那么它发挥的传递信息的作用就越强。它们代表了品牌命名的两种极端的策略导向:独立随意性策略和描述性策略。前者的优点是名称充满个性,商标的保护力强,缺点是需要大笔的传播投资；后者的优点是名称本身可能就是一个活广告，可以节省传播开支，但缺点很明显，即商标的保护力很弱，有时可能演变为产品的通用名称，而得不到商标注册和保护。一般来说，大公司宜采用独立随意性导向的策略，小公司宜采用描述性导向的策略。作为一种折中，联想策略介于两者之中，它既有特色、保护力（识别和显著性），又能暗示消费者适当的信息。因此，这种策略的风险较小，因而也为绝大多数的营销人士采用。我国的一些知名品牌如白猫、旺旺、金嗓子、洁银、健力宝、养生堂、白丽都属于这种策略的运用。

（4）当地化与全球化的选择策略。随着全球经济一体化和跨国营销的发展，品牌命名必须考虑全球通用的策略。一个完善的品牌名称应当易于为世界上尽可能多的人发音、拼写、认知和记忆，在任何语言中都没有贬义，这样才利于品牌名称在国际市场上的传播。在品牌命名上，首先要考虑如何使品牌名称适合当地。一种办法是为当地营销的产品取个独立的品牌名，也可把原有的品牌名翻译成适应当地的做法。NIKE 在中国翻译成"耐克"而不是"奈姬"、"娜基"之类，就在于它显示了一个清楚的含义：经久耐用、克敌制胜，与原意"胜利女神"不谋而合。另一种办法是从一开始就选择一个全球通用的名称。世界著名的宏基（Acer）电脑在 1976 年创业时的英文名称叫 Multitech，经过十年的努力，Multitech 刚刚在国际市场上小有名气，却被一家美国计算机厂指控宏基侵犯该公司商标权。前功尽弃的宏基只好另起炉灶，前后花去近 100 万美元，委派著名广告商奥美进行更改品牌名称的工作。前后历时大半年时间，终于选定 Acer 这个名字。与 Multitech 相比，显然 Acer 更具有个性和商标保护力，同时深具全球的通用性。它的优点在于：蕴含意义（Ace 有优秀、杰出的含义），富有联想（源于拉丁文的 Acer 代表鲜明、活泼、敏锐、有洞察力），有助于在出版资料中排名靠前，易读易记。如今 Acer 的品牌价值超过 1.8 亿美元。

二、品牌标志设计

1.品牌标志设计的原则

品牌标志是指品牌中可以被识别，但不能用语言表达的部分，也可以说它是品牌图形记号。如可口可乐的红颜色圆柱曲线、麦当劳的黄色"M"以及迪斯尼公园的富有冒险精神、正直诚实、充满童真的米老鼠等。

品牌标志与品牌名称都是构成完整的品牌概念的要素。品牌标志自身能够创造品牌认知、品牌联想和消费者的品牌偏好，进而影响品牌体现的质量与顾客的品牌忠诚度。

品牌标志是一种"视觉语言"。它通过一定的图案、颜色来向消费者传输某种信息，以达到识别品牌、促进销售的目的。品牌标志自身能够创造品牌认知、品牌联想和消费者的品牌偏好，进而影响品牌体现的品质与顾客的品牌忠诚度。因此，在品牌标志设计中，我们除了最基本的平面设计和创意要求外，还必须考虑营销因素和消费者的认知、情感心理。这些方面构成了品牌设计的五大原则。

2.品牌标志的设计方法

品牌标志设计是在一定的原则前提下,选择特定的表现元素,结合创意手法和设计风格而成。典型的设计方法有两种:文字和名称的转化、图案的象征寓意。它们产生三类设计标志:文字型、图案型以及文图结合型。

(1)文字和名称的转化。文字(包括西方文字和中国汉字)和名称的转化方法是直接运用一些文字符号或单纯的图形作为标志的组成元素。所采用的字体符号可以是品牌名称,也可以品牌名称的缩写或代号。这种方法的优点是识别力强,便于口碑传播,容易为消费者理解含义。在创意上,为了增强其美感和可接受性,往往借助象征、装饰点缀和色彩的力量。这方面成功的设计有红旗轿车的"红旗"标志、冰川牌羽绒服的"冰川"图案、李宁体育用品的"L"标志、麦当劳的"M"标志、施乐的"X"标志等。

(2)图形象征与寓意。以图形或图案作为标志设计的元素,都是采用象征寓意的手法,进行高度艺术化的概括提炼,形成具有象征性的形象。图形标志因为其视觉意念较易被人理解接受,故也得到普遍运用。特别是一些作为象征物的最普通客体,比如太阳、眼睛、女人的体态、星星、王冠、手、马等在品牌标志的设计中运用的非常广泛。例如美国雷诺兹公司推出的世界名牌"骆驼"香烟,其标志采用一只傲视俗世的骆驼驻足沙海;苹果电脑公司采用彩色苹果图案;雀巢公司使用"两只小鸟依偎在巢旁"的图案,形象鲜明生动。我国的"太阳神"牌保健品以简练、强烈的圆形(象征太阳)与三角形("人"字形)组合而成,寓意公司健康向上、以人为本的经营理念。

3.品牌设计

请你尝试按照品牌命名与设计的一般原则,对下列产品进行品牌设计:

1)方便面

2)女性服装

3)面向大学生的书吧

4)以竹子为主要旅游特色的农家乐景点

5)其他

■工作任务二　产品组合策略分析

项目1:方便面产品组合分析

康师傅方便面有系列产品,包括红烧牛肉、香辣牛肉、麻辣牛肉、麻辣排骨、辣旋风、海陆鲜汇、亚洲精选、酱香传奇、东北炖、油泼辣子、酸香世家、江南美食、本帮烧、山珍海烩、老火靓汤、千椒百味、蒸行家、油辣子传奇、陈泡风云、面霸、干拌面、食面八方、好滋味、劲爽拉面、点心面、金牌福满多、超级福满多、福香脆、福满多、一碗香等。

　　1.请你对上述产品的特点以及目标顾客做出分析。

　　2.企业这样做的目的是什么?

项目2:啤酒产品组合

　　雪花啤酒有一系列产品。雪花啤酒有系列产品,包括雪花晶等330,雪花勇闯天涯330,酷爽330金标纯生、超纯精制,桶装鲜啤雪花纯爽576,雪花超纯精制,雪花冰生,雪花淡爽易拉罐,雪花精制易拉罐等。

　　1.请你对上述产品的特点以及目标顾客做出分析。

　　2.企业这样做的目的是什么?

项目3:轿车产品组合

　　吉利品牌轿车包括吉利金鹰、08款金刚、吉利远景、金刚经典版、经典款自由舰、精致版自由舰、美人豹、美日之星、优利欧幸福版等系列产品。

　　1.请你对上述产品的特点以及目标顾客做出分析。

　　2.企业这样做的目的是什么?

■教师讲解

产品组合

　　产品组合策略从企业的实际情况出发,对产品组合的广度、深度和相关性进行决策,以实现企业目标的策略。产品组合是指一个企业生产和销售的全部产品的结构,它常由几种产品线所组成,企业产品线的多少形成产品组合的广度,各条产品线内品种的多少形成产品组合的深度。在一般情况下,通过增加产品组合的广度,可使企业扩大经营领域,也有利于分散企业的风险;通过增加产品组合的深度,可以适应同类产品更多细分市场的需要,满足不同类型消费者的不同需要和爱好;通过增加产品组合的相关性,企业在某一特定领域内经营,可使企业的优势得到较好发挥,提高产品在该领域的信誉。企业产品组合的选择,需要考虑多方面的因素,如顾客对产品需要量的大小、企业自身的条件、客观环境、竞争者的状况等。如果某种产品的市场需要量很大,企业又不具备生产各种产品的条件,而且企业在该领域内具有竞争优势,就可采用缩小产品组合的广度和深度的产品组合策略,生产少数品种,扩大生产批量,满足相应市场面的需要。如果市场需要企业提供的产品品种较多,企业又有能力和条件组织多品种生产,而且竞争者较多,就应采取增加产品组合的广度和深度的产品组合策略,扩大品种,满足市场多种多样的需要。最常见的产品组合策略的选择主要有:扩大产品组合的广度和深度,增加产品线和产品项目,扩展经营范围;缩小产品组合的广度和深度,减少产品线和产品项目,缩小经营范围;改革现有产品,向产品组合的深度发展;增加高档高价产品项目或增加低价产品项目;使本企业产品与竞争者的产品稍有不同;在产品细分化的基础上,为某一细分市场生产独特的产品;根据顾客对产品某种属性的重视程度,为企业的产品规定一定的市场地位,等等。确定企业最佳产品组合的目的是为了使企业获得最大的销售额和利润。因此,衡量企业产品组合的选择是否最佳,就应估算在某种产品组合下是否能扩大销售额,保证企业利润增长目标的实现。选择能够给企业带来长期最大利润的最佳产品组合是一个极为复杂的问题,除了要做各种定性定量的分析以外,还可在此基础上,采用绘制产品组合模型图的方法。它可以辅助确定最佳产品组合方案。

情境综合项目训练

1.为某一新产品进行产品策划,包括品牌名称、品牌标志策划。

2.请为当前雪花啤酒公司销售的产品撰写一份产品组合改进报告。

■企业项目

以小博大　把握定位
—— 吉林白城地区品牌选择及定位思想
（黑吉公司提供）

随集团化进程的推进及雪花这一全国性品牌的推出,使我集团各啤酒公司在竞争中的品牌应用上有了方向性的选择,但因区域经济发展的不平衡以及生产条件和市场环境等客观方面因素的限制,个别的区域市场仍以小区域品牌应对知名度较高的竞品,我们所属的长春华润啤酒公司合资后选择了"雪豹"这一小区域性品牌应对东北市场的名品哈尔滨啤酒(简称哈啤),并取得了不俗的战绩,话说雪豹品牌选择的原因还得从合资初讲起。

与农安金豪威士龙啤酒公司合资时,白城的市场现状对我们来讲较为恶劣,当时市场各品牌的占有率分别为:第一军团哈啤 50％以上,第二军团棒棰岛啤酒近20％,处于第三军团的威士龙及小杂酒各占不足 15％。各品牌的特点为:

1. 哈啤:品牌知名度、美誉度高,企业实力强大,广告投入大,渠道实力强,份额呈上升趋势。

2. 棒棰岛(产地白城市):品牌知名度一般,实行地域化战略,靠低成本强化竞争力,市场份额稳定。

3. 威士龙(农安产):品牌地位恶劣,各级价位处最低点,仅有的近 15％的份额靠大促销来支撑(产品无边际贡献),品牌无明确定位,原企业销售管理粗放随意,市场想法主观,渠道无合作信心,覆盖率和占有率仍处下滑趋势,品牌形象极差,处于衰退期,特别是中心城市白城市区为零份额。

针对此局面,对白城地区市场首先面临的是选择什么品牌去应对第一竞品哈啤来恢复市场这一关键性问题。如选择雪花飘飘,由于本地区距吉林公司较远,受运输成本高的限制长春公司无集团生产雪花许可。

华丹品牌,通过市场调研得知,华丹在本地区域表现不佳,相反威士龙品牌前身的农安产雪豹品牌在当时较受欢迎,有人群基础(雪豹品牌前期被"威士龙"强行取代),可时过境迁,能否成行也是未知。但条件、环境和时间不允许我们去犹豫,为了不错过上市佳期,重新推出雪豹品牌与哈啤相抗衡。

雪豹品牌的选择,虽然理论上分析可行性最佳,但在实际市场面对的是强大的"哈啤",用我们的术语叫"以小博大",外行看来叫"以卵击石"。因此,运作大到策略小到各具体环节上都进行了必要和充分的准备。

首先,明确了雪豹产品的入市定位,根据情况我们采用的是针锋相对的"迎头定位"策略,而没有采取拾遗补缺或突出特急等定位策略。因为当时将白城区域定为长春公司的主要销售区,在白城市场拿大份额才能支持公司的运转,所以打击竞品是第一要点(因为我们在白城市区份额为零)。经过技术调整,将雪豹口感调整到与竞品哈啤无明显差别,借用了已被消费者接受的竞品口味特征,入市后即得到消费者认可。其次,针对哈啤的各级价位,将雪豹品牌定位为中价位产品,形成大众性消费品牌。第三,在广告策划上推出了以突出健康、活力为感性诉求的广告语"好朋友一起来",其诉求点与雪花品牌"开心有理由"基调一致,使产品在消费者心目中产生较强亲和力的品牌形象定位效果。第四,在渠道和入市促销等方面作了合理安排,如根据东北人节日挂灯笼的习惯,对终端店赠送灯笼(入市后还有15天春节),烘托造势,效果极佳。通过综合运作,雪豹品牌从入市到春节2周时间,中心市场覆盖率达85%,占有率一举从零份额升至30%以上。这一结果,不但为合资初期的市场恢复和公司的战略性发展做出了贡献,而且还开创了小品牌成功进击大品牌的先例。

雪豹品牌短时间内入市成功,总结看有这几方面因素:

一、从客观上看

1.原雪豹品牌的人群基础发挥着效果;

2.有合资后企业的实力支持和影响作用保障;

3.原渠道资源被充分利用;

4.二级城市市场消费群体的品牌相对较软弱起到了反向作用。

二、从主观上分析

1.我们对产品定位准确、合理、清晰,包括策略定位、价格的定位和形象定位三方面。

2.入市时间把握及时,没错过春节佳期。

3.广告宣传立体地展现了品牌和企业,即时增强了消费者对雪豹品牌和企业的亲和力,迅速启动了潜在消费群体,为雪豹品牌的进一步认识和市场的进一步发展埋下了伏笔。

从另一个角度看,雪豹品牌的推出到运作成功,绝不是普通商业性的一鸣惊人而应诠释为全方位的营销战略成功,如加强营销网络铺设,终端POP宣传,适度合理的入市促销,将渠道、促销、广告宣传炒作和公关等策略有机结合起来,应该说走的是有效率的整合营销道路,体现了我们的综合竞争能力,同时给我们的启示是:市场不完全是被动依赖消费者需要什么产品,而更应注重让我们的产品怎么去影响消费者,小品牌一样可以战胜大品牌。

顺便说明,整个过程中小品牌的灵活性高和可塑性强的特点,在我们的市场运作中功不可没。

为使市场将来过渡到雪花为主导品牌,后期在白城区域市场投放了雪花品牌(销量较小),作为品牌互补,形成了雪花、雪豹、威士龙这一高、中、低的品牌组合。2年后的今天,市份额发展到60%以上,此局面目前来看也较为理想,但随啤酒市场竞争的不断加剧,啤酒企业不但产品和服务同质化,营销的具体手段也都不得不陷入同质化的困境,急需我们市场人员有所创新,跳出竞争中恶性循环的怪圈。从实践看,在以后的市场竞争中演绎差异化显得尤为重要,这种差异化主要应体现在产品和竞争策略上,但目前的产品组合近时期在碍于差异化的形成,况且目前还存在着雪花运距远,运输成本高的竞争弱势。

用小品牌雪豹恢复了白城地区市场后我们有了信心,靠它使本区市场得以继续进步时我们欣慰,但市场的竞争不容我们过度去享受成功,现有条件下未来雪豹品牌怎样进一步去发挥它的作用急需我们思考。

在近期的雪豹品牌延伸上,为适应长期的竞争需求,在市场竞争策略上准备采用"双高"的产品策略即高价位、高促销,A 类品种进入 A 类终端(如金士百纯生)。由于目前我公司的渠道处于品牌共享阶段,(高、中、低)雪豹新品种推出后,争取在一段时间内,利用雪豹品种的不同将渠道划分为 A、B、C 三类渠道,分别经销高、中、低档雪豹品种,这种划分一方面实现了不同品种不同价格与不同类型渠道相对应,提高各渠道的分销效率和利润,另一方面可实现较好的产品隔离和针对性营销策略,减少渠道冲突的诱因,同时在市场的竞争和运作过程中,高端专卖渠道承担整个产品体系的品牌塑造和形象提升功能,中,低端渠道承担扩大销量、争夺市场份额、阻止竞争对手的作用。在目前竞争激烈产品生命周期大缩短的情况下,我们将继续发挥雪豹这一小区域品牌灵活性高,可塑性强的特点,与进一步的市场营销策略相结合,不断地推出新产品,原产品自然下移于相应渠道,形成动态产品,实现动态营销,提高竞争力,增加公司利润。

从本区域雪豹品牌的成功上市和发展以及未来仍将承担的使命看,我们可以坦然小区域品牌雪豹在世纪遭遇战中战胜了大品牌哈啤,但这尚属特殊市场、特殊环境、特殊阶段的特殊案例。随着社会的进步,经济的发展和区域消费者意识上差距的缩小,品牌将越来越为人们所明晰,所以我们必须清醒认识到全国性品牌(雪花)成为主导品牌是必然之趋势,那时区域性小品牌的功绩可能只会留为佳话。

情境五　产品定价策略

企业在产品定价时,需考虑到多种因素。归纳起来主要有成本、竞争者、消费者三大因素。我们首先按照每一个因素来分别定价,然后综合考虑所有因素为产品确定一个营销价格。

本情境以衬衫和房地产为产品项目,对各种定价策略进行实训。

■工作任务一　根据成本定价

在正常情况下,成本是产品价格的底线。也就是说,产品的价格一般不能低于生产经营成本,否则就会亏损。定价模式为:价格＝成本＋利润。

项目1:服装生产成本与销售价格计算

海螺服装厂是一个专门生产男式衬衫的企业。生产部门和财务部门提供相关数据如下:

1.生产量1万件;

2.分摊到这批衬衫的固定资产折旧35万元;

3.每件衬衫的原辅料成本40元;

4.每件衬衫的裁剪、缝纫、熨烫等人工费17元;

5.分摊到的直接管理费用9万元;

请计算出这批衬衫每件的生产成本。

提示:每件生产成本＝每件分摊的固定成本＋每件原辅料成本＋每件人工费＋每件分摊的管理费用。

每件生产成本＝35＋40＋17＋9＝101元。

每件衬衫分摊的增值税等税款6元,资金费用4元,销售费用11元,计算出成本＋税、费数额。

每件成本(含税、费)＝101＋6＋4＋11＝122元

设定每件衬衫的利润15元,计算出出厂价。

出厂价＝107＋15＝137元。

项目2：房地产建设成本与销售价格计算

杭州亚太房地产开发公司在下沙开发了一个新楼盘，取名"亚太新苑"。该楼盘占地14万平方米，建筑面积10万平方米。项目部和财务部提供了如下相关数据：

1. 土地征用及拆迁补偿费：　　　　　　　　22500万元
2. 前期工程费：　　　　　　　　　　　　　2500万元
3. 基础设施费：　　　　　　　　　　　　　3200万元
4. 建筑安装工程费：　　　　　　　　　　　11500万元
5. 配套设施费：　　　　　　　　　　　　　1800万元
6. 开发间接费：　　　　　　　　　　　　　600万元
7. 分摊的管理费用、财务费用和销售费用　　3000万元

请计算出这个楼盘每平方米的开发成本

每平方米开发成本＝2250＋250＋320＋1150＋180＋60＋300＝4510元。

设定每平方米的利润为2300元，请计算出销售价格：

每平方米销售价格＝4510＋2300＝6810元。

注释：对房地产的开发成本的说明

房地产的开发成本在核算上将其费用分为如下六个成本项目：

（1）土地征用及拆迁补偿费或批租地价是指因开发房地产而征用土地所发生的各项费用，包括征地费、安置费以及原有建筑物的拆迁补偿费，或采用批租方式取得土地的批租地价。

（2）前期工程费是指土地、房屋开发前发生的规划、设计、可行性研究以及水文地质勘察、测绘、场地平整等费用。

（3）基础设施费是指土地、房屋开发过程中发生的供水、供电、供气、排污、排洪、通讯、照明、绿化、环卫设施以及道路等基础设施费用。

（4）建筑安装工程费是指土地房屋开发项目在开发过程中按建筑安装工程施工图施工所发生的各项建筑安装工程费和设备费。

（5）配套设施费是指在开发小区内发生，可计入土地、房屋开发成本的不能有偿转让的公共配套设施费用，如钢炉房、水塔、居委会、派出所、幼托、消防、自行车棚、公厕等设施支出。

（6）开发间接费是指房地产开发企业内部独立核算单位及开发现场为开发房地产而发生的各项间接费用，包括现场管理机构人员工资、福利费、折旧费、修理费、办公费、水电费、劳动保护费、周转房摊销等。

从上可以看出：构成房地产开发企业产品的开发成本，相当于工业产品的制造

成本和建筑安装工程的施工成本。如要计算房地产开发企业产品的完全成本,还要计算开发企业(公司本部)行政管理部门为组织和管理开发经营活动而发生的管理费用、财务费用,以及为销售、出租、转让开发产品而发生的销售费用。管理费用、财务费用和销售费用,也叫期间费用。它们绝大部分都是经营期间的费用开支,与开发工程量的关系并不十分密切,如果将期间费用计入开发产品成本,在开发产品开发和销售、出租、转让不同步的情况下,就会增加开发产品的成本,特别是在开发房地产滞销时期,将滞销期间发生的管理费用、财务费用和销售费用计入当期开发产品成本,就会使企业造成大量的潜亏,不能及时反映企业的经营状况。同时,将期间费用计入开发产品成本,不但要增加核算的工作量,也不利于正确考核企业开发单位的成本水平和成本管理责任。因此,现行会计制度中规定将期间费用计入当期损益,不再计入开发产品成本,也就是说,房地产开发企业开发产品只计算开发成本,不计算完全成本。

教师讲解

基于成本的定价

一、成本的类型

1.固定成本

固定成本是指成本总额在一定时期和一定业务量范围内,不受业务量增减变动影响而能保持不变的成本,如厂房和机器设备的折旧、财产税、房屋租金、管理人员的工资等。

2.变动成本

变动成本是指其成本随着业务量的增减变动而发生变动的成本,如原材料成本、销售成本等。

3.总成本

$$总成本＝固定成本＋变动成本$$

4.边际成本

边际成本是指每增加或减少单位产品所引起的总成本的变化量。

二、根据成本的几种定价方法

基于成本的定价法是以产品成本为基础,加上目标利润来确定产品价格,是企业最常用、最基本的定价方法。基本计算公式为:

$$价格＝成本＋利润＋税收$$

由于采用的成本口径不同,根据成本定价又可以分为总成本加成定价法、目标收益定价法、边际成本定价法、盈亏平衡定价法等几种。

1. 总成本加成定价法

总成本加成定价法是指按照单位成本加上一定百分比的加成来制定产品的销售价格,即把所有为生产某种产品而发生的耗费均计入成本的范围,计算单位产品的变动成本,合理分摊相应的固定成本,再按一定的目标利润率来决定价格。其计算公式为:

单位产品价格 = 单位产品总成本×(1＋目标利润率)

例题:某皮具厂生产 1000 个皮箱,固定成本 3000 元,每个皮箱的变动成本 45元,企业确定的成本利润率为 30%,请用成本加成定价法进行定价。

解:$P = (TC/Q)\times(1+R)$

$\quad = (FC/Q+VC)\times(1+R)$

$\quad = (3000/1000+45)\times(1+30\%)$

$\quad = 62.4$ 元

采用成本加成定价法,关键问题是确定合理的成本利润率。而成本利润率的确定,必须考虑市场环境、行业特点等多种因素。这种方法的优点:简化了定价工作,便于经济核算;价格竞争就会减到最少;在成本加成的基础上制定出来的价格对买卖双方来说都比较公平。

2. 目标收益定价法

目标收益定价法又称投资收益率定价法,是根据企业的总成本或投资总额、预期销量和投资回收期等因素来确定价格,如图 5.1 所示。企业试图确定能带来它正在追求的目标投资收益。它是根据估计的总销售收入(销售额)和估计的产量(销售量)来制定价格的一种方法。其公式为:

单位产品价格 =(总成本＋目标收益额)/ 预期销量

或

目标利润价格 = 单位成本 ＋(目标利润率×投资成本)/销售量

其中目标利润率或目标收益率=1/投资回收期

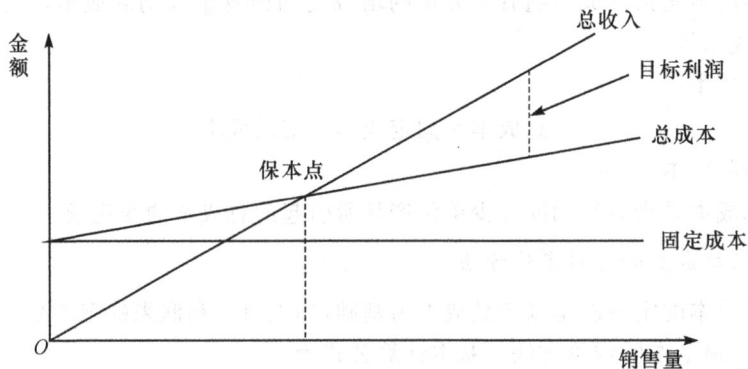

图 5.1　目标收益定价法

例题：某企业预计其产品的销量为 10 万件，总成本 740 万元，决定完成目标利润为 160 万元，求单位产品的价格是多少？

解：$P = (TC + TR)/Q$
$$= (740 + 160)/10$$
$$= 90 元$$

与成本加成定价法相类似，目标收益定价法也是一种生产者导向的产物。其缺陷表现为：很少考虑到市场竞争和需求的实际情况，只是从保证生产者的利益出发制定价格；另外，先确定产品销量，再计算产品价格的做法完全颠倒了价格与销量的因果关系，把销量看成是价格的决定因素，在实际上很难行得通。尤其是对于那些需求的价格弹性较大的产品，用这种方法制定出来的价格，无法保证销量的必然实现。

3. 边际成本定价法

边际成本是指每增加或减少单位产品所引起的总成本的变化量。边际成本定价法又称边际贡献法，其基本思想是只考虑变动成本，不考虑固定成本，以预期的边际贡献补偿固定成本并获得盈利。采用边际成本定价法时是以单位产品变动成本作为定价依据和可接受价格的最低界限。在价格高于变动成本的情况下，企业出售产品的收入除完全补偿变动成本外，尚可用来补偿一部分固定成本，甚至可能提供利润。其公式为：

单位产品价格 ＝ 单位产品变动成本 ＋ 单位产品边际贡献

其中单位产品边际贡献是指企业增加一个单位的销售，所获得的收入减去边际成本的数值。边际贡献＝销售收入－变动成本，若边际贡献大于固定成本，企业就有盈利；若边际贡献小于固定成本，企业就会亏本；若边际贡献等于固定成本，企业盈亏平衡。只要边际贡献≥0，企业就可以考虑生产。这种定价方法适合于企业存在生产能力过剩、市场供过于求等的情况。

4. 盈亏平衡定价法

盈亏平衡定价法，又称收支平衡法，是利用收支平衡点来确定产品的价格，即在销量达到一定水平时，企业应如何定价才不至于发生亏损；反过来说，已知价格在某一水平上，应销售多少产品才能保本。其公式：

盈亏平衡点价格 ＝ 固定总成本÷销量＋单位变动成本

例题：某产品生产的固定成本是 150000 元，单位变动成本为 15 元，若销量为 3000 件，则价格应定多少企业才不会亏损？若销售价格为 40 元，则企业必须销售多少，才能保本？

解：$P = FC/Q + VC$
$$= 150000/3000 + 15$$
$$= 65 元$$

$$Q = FC/(P- VC)$$
$$=150000/(40-15)$$
$$=6000 \text{ 件}$$

实际上,这种定价法的实质就是确定总收入等于总支出时的价格,以盈亏平衡点确定价格只能使企业的生产耗费得以补偿,而不能得到收益。若实际价格超过收支平衡价格,企业就可盈利。科学地预测销量和已知固定成本、变动成本是盈亏平衡定价的前提。有时,为了开展价格竞争或应付供过于求的市场格局,企业采用这种定价方式以取得市场竞争的主动权。

从本质上说,成本导向定价法是一种卖方定价导向。它忽视了市场需求、竞争和价格水平的变化,有时候与定价目标相脱节。此外,运用这一方法制定的价格均是建立在对销量主观预测的基础上,从而降低了价格制定的科学性。因此,在采用成本导向定价法时,还需要充分考虑需求和竞争状况,来确定最终的市场价格水平。

工作任务二 根据竞争者定价

项目1:服装定价

在市场上,与海螺牌衬衫档次(品牌影响力、面料、做工等方面)相近的红灯牌衬衫、相思豆牌衬衫的出厂价分别为116元、131元。根据这个情况,你认为海螺服装厂是否要调整自己的出厂价格?如要调整,怎么调整?理由是什么?

项目2:房地产定价

在市场上,亚太新苑附近还有亚洲园、海景思绪、听涛苑等楼盘。它们的销售价格每平方米分别为6100元、6300元、6280元。根据这个情况,你认为亚太新苑是否要调整自己的销售价格?如要调整,怎么调整?理由是什么?

教师讲解

基于竞争的定价

在产品的营销竞争中,价格竞争是最有效、最敏感的手段。企业在设定定价前,一般要广泛搜集信息,把自己产品的质量、特点和成本与竞争者的产品进行比较,然后制定本企业的产品价格。

一、随行就市定价

随行就市定价法，又称流行水准定价法，是指在一个竞争比较激烈的行业或部门中，某个企业根据市场竞争格局，跟随行业或部门中主要竞争者的价格，或各企业的平均价格，或市场上一般采用的价格，来确定自己产品的价格的方法。即企业按照行业的平均现行价格水平来定价。采用随行就市定价法，企业就不必去全面了解消费者对不同价差的反应，也不会引起价格波动，从而为营销、定价人员节约了很多时间。

在以下情况下往往采取随行就市定价法：

(1)难以估算成本；

(2)主要适合同质产品市场，其目的是为了与同行业企业和平共处，避免发生激烈的竞争；

(3)如果另行定价，很难了解购买者和竞争者对本企业的价格的反应。

(4)在完全竞争与寡头竞争的条件下，这种定价方法经常使用。

但值得注意的是，这种定价法以竞争对手的价格为依据，并不否认本企业商品的成本、质量等因素对价格形成的直接作用。

二、主动竞争定价法

又称价格领袖定价法或寡头定价法，是指在某个行业或部门中，由一个或少数几个大企业首先定价，其余企业参考定价或追随定价的方法。这一个或少数几个大企业就是价格领袖。他们的价格变动往往会引起其他企业的价格随之变动。

其实，这种定价法与前一种定价法有相通之处。不追随竞争者的价格，而是根据本企业产品的实际情况给予竞争对手产品的差异来确定产品的价格。

三、竞争投标定价法

竞争投标定价法又称为密封投标定价法，是指一个企业根据招标方的条件，主要考虑竞争情况来确定标的价格的一种方法。

一般说来，招标方只有一个，处于相对垄断地位，而投标方有多个，处于相互竞争地位。一个企业能否中标，在很大程度上取决于该企业与竞争者投标报价水平的比较。标的物的价格是由参与投标的各个企业在相互独立的条件下确定，在买方招标的所有投标者中，报价最低的投标者通常中标，他的报价就是承包价格，这种竞争性的定价方法就是密封投标定价法。

四、拍卖定价法

拍卖定价法是由卖方预先发表公告，展示拍卖物品，买方预先看货，在规定时间公开拍卖，由买方公开叫价，不再有人竞争时的最高价格即为成交价格，卖方按此价格拍板成交。拍卖式定价越来越被广泛地使用。

■工作任务三　根据消费者定价

项目1:服装定价

海螺衬衫在市场上销售了一段时间,销路不好。根据零售店的反应信息,许多顾客觉得这个价格偏高,如果便宜一点,他们可能会购买。根据这个情况,你认为海螺衬衫是否要降价? 如要降价,降到多少合适? 理由是什么?

项目2:房地产定价

亚太新苑推出市场进行销售了一段时间,销路不好,来现场咨询的顾客很少,有购买意向的更少,成交则为0。这个楼盘由于地处郊区,距离杭州市中心约30公里。在向顾客发放的意见反馈单上,许多顾客认为可以接受的价格在6000元以内,最好在5000元左右。否则,他们更愿意购买市区的房子。根据这个情况,你认为亚太新苑应该怎样调整价格?

■教师讲解

根据消费者需求定价

根据消费者需求定价是按市场需求状况和消费者对产品的感觉差异来确定价格的方法,又称“市场导向定价法”。它主要包括认知价值定价法、需求差别定价法和逆向定价法。

一、认知价值定价法

认知价值定价法是根据顾客对产品价值的认知程度,即产品在顾客心目中的价值观念为定价依据,运用各种营销策略和手段,影响顾客对产品价值的认知的定价方法。作为定价的关键,不是卖方的成本,而是购买者对价值的认知。企业如果过高地估计认知价值,便会定出偏高的价格;相反,则会定出偏低的价格。

二、需求差别定价法

所谓需求差别定价法,是指产品价格的确定以需求为依据,首先强调适应消费者需求的不同特性,而将成本补偿放在次要的地位。这种定价方法,对同一商品在同一市场上制订两个或两个以上的价格,或使不同商品价格之间的差额大于其成本之间的差额。其好处是可以使企业定价最大限度地符合市场需求,促进商品销售,有利于企业获取最佳的经济效益。

根据需求特性的不同,需求差异定价法通常有以下几种形式:以用户为基础的差别定价、以地点为基础的差别定价、以时间为基础的差别定价、以产品为基础的差别定价、以流转环节为基础的差别定价。

企业采取差别定价必须具备的条件:

(1)市场必须是可以细分的,而且各个细分市场须表现出不同的需求程度;

(2)以较低价格购买某种产品的顾客没有可能以较高价格把这种产品倒卖给别人;

(3)竞争者没有可能在企业以较高销售产品的市场上以低价竞销;

(4)细分市场和控制市场的成本费用不得超过因实行价格歧视而得到的额外收入,这就是说,不能得不偿失;

(5)价格歧视不会引起顾客反感而放弃购买,影响销售;

(6)采取的价格歧视形成不能违法。

三、逆向定价法

逆向定价法也称零售价格定价法,是依据消费者能够接受的最终销售价格,逆向推算出中间商的批发价和生产企业的出厂价格。这种定价方法主要不是考虑产品成本,而重点考虑需求状况。逆向定价法的特点是:价格能反映市场需求情况,有利于加强与中间商的良好关系,保证中间商的正常利润,使产品迅速向市场渗透,并可根据市场供求情况及时调整,定价比较灵活。其公式:

$$批发价格 = 市场可销价格 \times (1 - 批零差率)$$
$$出厂价格 = 批发价格 \times (1 - 销进差率)$$
$$= 市场可销价格 \times (1 - 销进差率) \times (1 - 批零差率)$$

工作任务四　根据综合因素定价

项目1:服装定价

1.由于受国家银根紧缩政策的影响,海螺衬衫厂的银行贷款需要在短时间内归还。公司决定尽快回笼现金,以便能够及时归还银行贷款。你认为企业应该怎么调整价格?

2.由于销路不是很好,衬衫积压较多。企业决定抓紧把这批产品处理掉,以便进行新款式衬衫的生产。你认为企业应该如何调整价格?

项目 2：房地产定价

1. 由于受国家促进房地产发展的利好政策刺激,杭州市的楼盘普遍涨价。市区楼盘平均上涨每平方米 2000 元左右。你认为亚太新苑应该怎么调整销售价格。

2. 由于受国家银根紧缩政策的影响,亚太新苑的银行贷款需要在短时间内归还。而楼盘卖得并不好。公司决定尽快回笼现金,以便能够及时归还银行贷款。你认为公司应该怎么调整价格?

3. 请对市场上的价格促销形式进行调研,列举出 5 种以上的形式,并说明其利弊和适用场合。(降价除外)

█教师讲解

根据综合因素定价

一、生存导向定价

生存导向定价目标又称为维持生存的目标,是特定时期过渡性目标。当企业经营不善,或由于市场竞争激烈、顾客需求偏好突然变化时,会造成产品销路不畅,大量积压,资金周转不灵,甚至面临破产危险时,企业应以维持生存作为主要目标。短期而言,只要售价高过产品变动成本,足以弥补部分固定成本支出,则可继续经营。企业长期目标还是要获得发展。

二、销售导向定价

销售导向定价目标,又称为市场占有率目标,是在保证一定利润水平的前提下,谋求某种水平的销售量或市场占有率而确定的目标。以销售额为定价目标具有获取长期较好利润的可能性。

采用销售额目标时,确保企业的利润水平尤为重要,销售额和利润必须同时考虑。因为某种产品在一定时期 、一定市场状况下的销售额由该产品的销售量和价格共同决定,销售额的增加,并不必然带来利润的增加。有些企业的销售额上升到一定程度,利润就很难上升,甚至销售额越大,亏损越多。因此,对于需求的价格弹性较大的商品,降低价格而导致的损失可以由销量的增加而得到补偿,因此企业宜采用薄利多销策略,保证在总利润不低于企业最低利润的条件下,尽量降低价格,促进销售,扩大盈利;反之,若商品的需求的价格弹性较小时,降价会导致收入减少,而提价则使销售额增加,企业应该采用高价、厚利、限销的策略。

三、价格微调技术

在确定企业定价目标、定价方法,得出产品的基本价格之后,还要根据市场环境、产品特点等采用不同的定价策略。常见的价格微调技术主要有:折扣与折让定价、差别定价、心理定价、促销定价和地理定价等几种。

1.折扣定价

大多数企业为了鼓励顾客及早付清货款,或鼓励大量购买,或为了增加淡季销售量,还常常需酌情给顾客一定的优惠,这种价格的调整叫做价格折扣和折让。折扣定价是指对基本价格作出一定的让步,直接或间接降低价格,以争取顾客,扩大销量。其中直接折扣的形式有数量折扣、现金折扣、功能折扣、季节折扣;间接折扣的形式有回扣和津贴。

(1)数量折扣。数量折扣指按购买数量的多少,分别给予不同的折扣,购买数量愈多,折扣愈大。其目的是企业给那些大量购买某种产品的顾客的一种减价,鼓励大量购买或集中向本企业购买。数量折扣包括累计数量折扣和一次性数量折扣两种形式。数量折扣的优点:促销作用非常明显,企业因单位产品利润减少而产生的损失完全可以从销量的增加中得到补偿;销售速度的加快,使企业资金周转次数增加,流通费用下降,产品成本降低,从而导致企业总盈利水平上升。例如:顾客购买某种商品 100 单位以下,每单位 10 元;购买 100 单位以上,每单位 9 元。

(2)现金折扣。现金折扣是给予在规定的时间内提前付款或用现金付款者的一种价格折扣,其目的是鼓励顾客尽早付款,加速资金周转,降低销售费用,减少财务风险。采用现金折扣一般要考虑三个因素:折扣比例、给予折扣的时间限制与付清全部货款的期限。例如"2/10,n/30",表示付款期是 30 天,但如果在成交后 10天内付款,给予 2% 的现金折扣。许多行业习惯采用此法以加速资金周转,减少收账费用和坏账。

(3)功能折扣。功能折扣,也叫贸易折扣或交易折扣,是指中间商在产品分销过程中所处的环节不同,其所承担的功能、责任和风险也不同,企业据此给予不同的折扣,即制造商给某些批发商或零售商的一种额外折扣,促使他们执行某种市场营销功能如推销、储存、服务等。其目的:鼓励中间商大批量订货,扩大销售,争取顾客,并与生产企业建立长期、稳定、良好的合作关系;对中间商经营的有关产品的成本和费用进行补偿,并让中间商有一定的盈利。功能折扣的比例,主要考虑中间商在分销渠道中的地位、对生产企业产品销售的重要性、购买批量、完成的促销功能、承担的风险、服务水平、履行的商业责任以及产品在分销中所经历的层次和在市场上的最终售价等等。

(4)季节折扣。季节折扣是企业鼓励顾客淡季购买的一种减让,以使企业的生产和销售一年四季能保持相对稳定。有些商品的生产是连续的,而其消费却具有明显的季节性。为了调节供需矛盾,生产企业对在淡季购买商品的顾客给予一定的优惠,使企业的生产和销售在一年四季能保持相对稳定。例如啤酒生产厂家对在冬季进货的商业单位给予大幅度让利,羽绒服生产企业则为夏季购买其产品的客户提供折扣,旅馆和航空公司在它们经营淡季期间也提供优惠。季节折扣比例的确定,应考虑成本、储存费用、基价和资金利息等因素。季节折扣有利于减轻库存,加速商品流通,迅速收回资金,促进企业均衡生产,充分发挥生产和销售潜力,避免因季节需求变化所带来的市场风险。

(5)回扣和津贴。回扣是间接折扣的一种形式,它是指购买者在按价格目录将货款全部付给销售者以后,销售者再按一定比例将货款的一部分返还给购买者。津贴又称为折让,是根据价目表给顾客以价格折扣的另一种类型。津贴是企业为特殊目的,对特殊顾客以特定形式所给予的价格补贴或其他补贴。如零售商为企业产品刊登广告或设立橱窗,生产企业除负担部分广告费外,还在产品价格上给予一定优惠。旧货折价折让就是当顾客买了一件新品目的商品时,允许交还同类商品的旧货,在新货价格上给予折让;促销折让是卖方为了报答经销商参加广告和支持销售活动而支付的款项或给予的价格折让。

2.差别定价

由于市场上存在着不同的顾客群体、不同的消费需求和偏好,企业为了适应在顾客、产品、地理等方面的差异,常常采用差别定价策略。所谓差别定价(歧视定价)是指企业以两种或两种以上不同反映成本费用的比例差异的价格来销售一种产品或服务,即价格的不同并不是基于成本的不同,而是企业为满足不同消费层次的要求而构建的价格结构。差别定价有以下几种形式:以顾客为基础的差别定价策略、以产品为基础的差别定价策略、以地点为基础的差别定价策略和以时间为基础的差别定价策略。

(1)顾客差别定价。企业把同一种商品或服务按照不同的价格卖给不同的顾客。例如,公园、旅游景点、博物馆将顾客分为学生、年长者和一般顾客,对学生和年长者收取较低的费用;铁路公司对学生、军人售票的价格往往低于一般乘客;自来水公司根据需要把用水分为生活用水、生产用水,并收取不同的费用;电力公司将电分为居民用电、商业用电、工业用电,对不同的用电收取不同的电费。

(2)产品差别定价。企业根据产品的不同型号、不同式样,制定不同的价格,但并不与各自的成本成比例。如:33 时彩电比 29 时彩电的价格高出一大截,可其成本差额远没有这么大;一件裙子 70 元,成本 50 元,可是在裙子上绣一组花,追加成本 5 元,但价格却可定到 100 元。一般来说,新式样产品的价格会高一些。

(3)地点差别定价。它是指对处于不同地点或场所的产品或服务制定不同的价格,即使每个地点的产品或服务的成本是相同的。例如影剧院不同座位的成本费用都一样,却按不同的座位收取不同价格,因为公众对不同座位的偏好不同;火车卧铺从上铺到中铺、下铺,价格逐渐增高。

(4)时间差别定价。产品或服务的价格因季节、时期或钟点的变化而变化。一些公用事业公司,对于用户按一天的不同时间、周末和平常日子的不同标准来收费。长途电信公司制订的晚上、清晨的电话费用可能只有白天的一半；航空公司或旅游公司在淡季的价格便宜，而旺季一到价格立即上涨。这样可以促使消费需求均匀化，避免企业资源的闲置或超负荷运转。

企业采取差别定价策略的前提条件是：①市场必须是可以细分的，而且各个细分市场表现出的需求程度不同；②细分市场间不会因价格差异而发生转手或转销行为，且各销售区域的市场秩序不会受到破坏；③市场细分与控制的费用不应超过价格差别所带来的额外收益；④在以较高价销售的细分市场中，竞争者不可能低价竞销；⑤推行这种定价法不会招致顾客的反感、不满和抵触。

3. 心理定价

心理定价是根据消费者不同的消费心理而制定相应的产品价格，以引导和刺激购买的价格策略。常用的心理定价策略有数字定价、声望定价、招徕定价、习惯定价等。

(1)数字定价策略。数字定价策略又有尾数定价策略、整数定价策略及愿望定价策略之分。尾数定价策略，又称零数定价、奇数定价、非整数定价，指企业利用消费者求廉的心理，制定非整数价格，而且常常以零数作尾数。例如某种产品价格定价为 9.99 元而不是 10 元。使用尾数定价，可以使价格在消费者心中产生三种特殊的效应：便宜、精确、中意，一般适应于日常消费品等价格低廉的产品。

与尾数定价相反，整数定价针对的是消费者的求名、自豪心理，将产品价格有意定为整数。对于那些无法明确显示其内在质量的商品，消费者往往通过其价格的高低来判断其质量的好坏。但是，在整数定价方法下，价格的高并不是绝对的高，而只是凭借整数价格来给消费者造成高价的印象。整数定价常常以偶数，特别是"0"作尾数。整数定价策略适用于需求的价格弹性小、价格高低不会对需求产生较大影响的中高档产品，如流行品、时尚品、奢侈品、礼品、星级宾馆、高级文化娱乐城等。整数定价的好处：可以满足购买者显示地位、崇尚名牌、炫耀富有、购买精品的虚荣心；利用高价效应，在顾客心目中树立高档、高价、优质的产品形象。

愿望数字定价策略。由于民族习惯、社会风俗、文化传统和价值观念的影响，某些数字常常会被赋予一些独特的含义，企业在定价时如能加以巧用，则其产品将因而得到消费者的偏爱。当然，某些为消费者所忌讳的数字，如西方国家的"13"、日本国的"4"，企业在定价时则应有意识地避开，以免引起消费者的厌恶和反感。

(2)声望定价策略。声望定价策略是指根据产品在顾客心中的声望、信任度和社会地位来确定价格的一种定价策略。例如一些名牌产品，企业往往可以利用消费者仰慕名牌的心理而制定大大高于其他同类产品的价格，国际著名的欧米茄手表，在我国市场上的销价从 1 万元到几十万元不等。消费者在购买这些名牌产品时，特别关注其品牌，标价所体现出的炫耀价值，目的是通过消费获得极大的心理满足。声望定价的目的：可以满足某些顾客的特殊欲望，如地位、身份、财富、名望和自我形象，可以通过高价显示名贵优质。声望定价策略适用于一些知名度高、具有较大的市场影响、深受市场欢迎的驰名商标的产品。

（3）招徕定价策略。招徕定价又称特价商品定价，是指企业将某几种产品的价格定得非常之高，或者非常之低，在引起顾客的好奇心理和观望行为之后，带动其他产品的销售，加速资金周转。这一定价策略常为综合性百货商店、超级市场、甚至高档商品的专卖店所采用。

值得企业注意的是，用于招徕的降价品，应该与低劣、过时商品明显地区别开来，必须是品种新、质量优的适销产品，而不能是处理品。否则，不仅达不到招徕顾客的目的，反而可能使企业声誉受到影响。

（4）习惯定价策略。习惯定价策略是指根据消费市场长期形成的习惯性价格定价的策略。对于经常性、重复性购买的商品，尤其是家庭生活日常用品，在消费者心理上已经"定格"，其价格已成为习惯性价格，并且消费者只愿付出这么大的代价。有些商品，消费者在长期的消费中，已在头脑中形成了一个参考价格水准，个别企业难以改变。降价易引起消费者对品质的怀疑，涨价则可能受到消费者的抵制。企业定价时常常要迎合消费者的这种习惯心理。

4. 促销定价

促销定价指企业暂时地将其产品价格定得低于目录价格，有时甚至低于成本，从而达到促进销售的目的。促销定价有几种形式：

（1）牺牲品定价。一些超市和百货商店会用几个产品作为牺牲品招徕客户，希望他们购买其他有正常加成的产品。

（2）特殊事件定价。销售者在某些季节还可以用特殊事件定价来吸引更多的客户。例如企业在利用开业庆典或开业纪念日或节假日等时机，降低某些产品的价格，以吸引更多的顾客。

（3）现金回扣。制造商对在特定的时间内购买企业产品的顾客给予现金回扣，以清理存货，减少积压。回扣最近在汽车制造商、耐用品和小器具生产商中间十分流行。一些制造商提供低息贷款，较长期担保或者免费保养来减让消费者的"价格"。这一做法最近极受汽车行业的推崇。

（4）心理折扣。企业开始时给产品制定很高的价格，然后大幅度降价出售，刺激顾客购买。企业可以从正常价格中简单地提供折扣，以增加销售量和减少库存。

5. 地理定价

地理定价是指由企业承担部分或全部运输费用的定价策略。它包含着公司如何针对国内不同地方和各国之间的顾客决定其产品定价。当市场竞争激烈，或企业急于打开新的市场时常采取这种做法。通常一个企业的产品不仅在本地销售，同时还要销往其他地区，而产品从产地运到销地要花费一定的运输、仓储等费用。那么应如何合理分摊这些费用？不同地区的价格应如何制定，就是地区定价策略所要解决的问题。具体有五种方法：

（1）产地定价策略。顾客（买方）以产地价格或出厂价格为交货价格，企业（卖方）只负责将这种产品运到产地某种运输工具（如卡车、火车等）上交货，运杂费和运输风险全部由买方承担。这种做法适用于销路好、市场紧俏的商品,但不利于吸引路途较远的顾客。

(2)统一交货价策略。也称邮资定价法:和前者相反,企业对不同地区的顾客实行统一的价格,即按出厂价加平均运费制定统一交货价。这种方法简便易行,但实际上是由近处的顾客承担了部分远方顾客的运费,对近处的顾客不利,而比较受远方顾客的欢迎。

(3)分区定价策略。分区定价:介于前二者之间,企业把销售市场划分为远近不同的区域,各区域因运距差异而实行不同的价格,同区域内实行统一价格。分区定价类似与邮政包裹、长途电话的收费。对企业来讲,可以较为简便地协调不同地理位置用户的运费负担问题,但对处于分界线两侧的顾客而言,还会存在一定的矛盾。

(4)基点定价策略。企业在产品销售的地理范围内选择某些城市作为定价基点,然后按照出厂价加上基点城市到顾客所在地的运费来定价。这种情况下,运杂费用等是以各基点城市为界由买卖双方分担的。该策略适用于体积大、费占成本比重较高、销售范围广、需求弹性小的产品。有些公司为了提高灵活性,选定许多个基点城市,按照顾客最近的基点计算运费。

(5)津贴运费定价。又称为减免运费定价,是指由企业承担部分或全部运输费用的定价策略。有些企业因为急于和某些地区做生意,负担全部或部分实际运费。这些卖主认为,如果生意扩大,其平均成本就会降低,因此足以抵偿这些费用开支。此种定价方法有利于企业加深市场渗透。当市场竞争激烈,或企业急于打开新的市场时常采取这种做法。

情境综合项目训练

1. 要求学生把产品定价策略应运于营销实践,联系有关项目,为某一产品制定合理的价格,撰写一份具体的"价格策划"方案

2. 为某一品牌手机撰写一份手机价格策划评析报告。

▓企业项目

A 啤酒在武汉上市时的价格设定

一、武汉 A 啤酒上市背景

为适应企业的发展或应对市场竞争的需求,每家公司在考虑应对策略时,往往会着重于推出新的产品品牌或在现有品牌的基础上推出新的产品品种。合理设定新品的渠道价格,是新品能否成功推广、具有强大生命力的必要条件。

　　怎样设定新品的渠道价格至关重要。以下是 2003 年公司在武汉市场推出新品牌 A 啤酒,涉及的渠道价格相关因素的分析及确定过程。

　　A 啤酒收购原武汉 B 啤股份,实施控股后,在武汉市场推出 A 啤酒已是大势所趋。公司高层经过多次研讨,认为:A 啤酒作为集团公司全国范围内推广的品牌,应确立长远发展的战略目标,同时结合武汉市场的实际,占据武汉高端餐饮啤酒市场主导份额,对于产品品牌形象的快速建立以及今后品牌的延续发展具有至关重要意义的现状,拟定 A 啤酒在武汉市场的上市及推广从高端餐饮切入的运作策略。

　　面对武汉高端餐饮啤酒市场中,百威、青岛、燕京、金龙泉以及公司品牌东啤精品激烈竞争的现状,怎样制定 A 啤酒的渠道价格,面临多种选择。

　　以下为 A 啤酒上市前,武汉高端餐饮啤酒市场中,各主导产品的渠道价格现状。

二、武汉市高档啤酒市场渠道价格状况(单位:1 * 12 纸箱)

项目	百威	青岛 1903	燕京精品	金龙泉纯生	东啤精品
出厂价(元)	58.7	48	32.5	35	48.64
到位价(元)	58.7	48	32.5	35	48.99
折扣及奖励(元)	7.2	10		11	12
直销价(元)	65	48	78.8	38	48
经销商毛利(元)	13.5	10	46.3	7	10
酒店售价(元)	120	96	120	72	96
酒店毛利(元)	55	48	41.2	34	48

三、各品牌促销支持费用(单位:1 * 12 纸箱)

项目	百威	青岛 1903	燕京精品	金龙泉纯生	东啤精品
单箱促销支持费用(元)	24	10	经销商自行确定	5	10

四、定价分析

　　(1)在渠道价格设定上,提出三种价格设定(单位:1 * 12 纸箱)

　　以上两组数据表明:

　　● 扣除折扣奖励及公司投入的促销支持费用外,百威、青岛 1903、东啤精品的公司底价接近,在 26～28 元/箱之间;燕京受运距影响,价格略高,为 32.5 元/箱;金龙泉纯生坚持低价策略,底价为:19 元/箱。

　　● 除燕京外,百威、青岛 1903、金龙泉纯生、东啤精品的经销商经营毛利基本接近,在 7～13.5 元/箱之间。

　　● 酒店零售价在 6～10 元/瓶之间。

　　● 酒店经营毛利在 34～55 元/箱之间。

　　(2)除上述因素以外,通过对高端餐饮的消费者消费表现进行调查发现:消费者初次消费对价格不是特别敏感,但后续消费时,基本知道高档啤酒的零售价在 8 元/瓶左右。

(3)同时,通过对不同产品销量对比,发现:东啤精品、金龙泉纯生销量比重较高,百威、青岛、燕京较低。

(4)在对高端餐饮店的投资及进货价格进行分析时,发现:在进店谈判中,高端餐饮店对品牌较敏感,其次是进货价格;但在实际经营活动中,不同品牌啤酒进货价格的高低、投资力度的大小、零售价格的高低直接决定店家首推哪个厂家的哪个啤酒品种。

五、A 产品渠道价格设定方案

项目	方案一	方案二	方案三
出厂价	48.6	51.6	60
折扣及奖励	12	12	12
回瓶	7.2	不回瓶	不回瓶
直销价	48	51.6	62.4
经销商毛利	12	8.4	14.4
酒店售价	96	96	120
酒店毛利	54	44.4	60

第一套方案

● 优势:

零售价:8 元/瓶,消费者感觉适中,如果产品质量稳定、产品的品牌推广能够很快影响到消费者,消费者重复消费的可能性高。

餐饮店进价及毛利:进价与公司现有品牌东啤精品一致,在该价位上,其他品牌竞争力弱,容易被接受;销售毛利率 112%,基本满意。

经销商:新产品毛利水平与东啤精品一致,公司将会重视价格管理,毛利获得将会比东啤精品稳定。

公司投资:扣除折扣及回瓶外,公司仍然有投资空间。

● 劣势

公司回收旧瓶;

价格定位与东啤精品一致,导致两个不利影响:

①将会与东啤精品抢市场份额;

②如何处理投资店的关系。

第二套方案

● 优势

零售价:与方案一一致;公司不用回收旧瓶;公司可用于投资的费用比方案一高 3 元/箱。

● 劣势

经销商、餐饮店毛利低于东啤精品,在与东啤精品共存的前提下,经销商、餐饮店将会主推出东啤精品。

第三套方案

● 优势

经销商、餐饮店毛利高。

公司可用于投资的费用比方案一高11.4元/箱；

公司不用回收旧瓶。

● 劣势

零售价：消费者将会认为偏高。

六、选择

通过对以上三个方案对比分析后，我们最终确定选择方案一。对于不利影响，我们的处理方案为：

● 公司回收旧瓶，可以补充到低档次产品的生产中；

● 以A产品为主，与餐饮店签订投资协议；已签订东啤精品投资协议的，A可以参与销量考核测算；

● 扩大A产品覆盖率。

七、事实

2003年，截至目前，东啤精品销量与2002年持平，A销售1899千升，表明2003年与2002年同期相比，公司在武汉市场高档啤酒产品的销量与2002年相比增加整个A的销量。以上数据同时表明，当初的A渠道价格，做了切合实际的设定。

情境六 销售渠道设计与管理

■工作任务一 销售渠道终端形式的调查与分析

产品从生产厂家转移到消费者手里,除了厂家直接开设销售商店销售产品之外,必须要经过销售渠道。我们把消费者购买的场所称之为销售渠道的终端。

项目1:销售渠道终端形式调查

终端渠道调查表

调查产品:＿＿＿＿＿＿＿(包括方便面、啤酒、衬衫、轿车、房地产等5种产品)

主要特点(请在所选项目下面打√)

序号	终端名称(请在所选项目前打钩)	便利	信誉好	价格低	品种全、挑选余地大	购物环境好	售后服务好	其他特点
1	生产厂家的门市部							
2	附近的便利店							
3	大型超市							
4	百货商店							
5	购物街							
6	专卖店							
7	农贸市场							
8	其他							

项目2:选择终端形式理由分析

从项目1中我们可以看到,不同种类产品所选择的销售终端形式是有所不同的。请对这5类产品选择某一销售终端形式的理由作出简要分析。

■教师讲解

销售终端的含义及形式

一、销售终端的含义

销售终端是指产品销售渠道的最末端,是产品到达消费者完成交易的最终端口,是商品与消费者面对面的展示和交易的场所。通过这一端口和场所,厂家、商家将产品卖给消费者,完成最终的交易,进入实质性消费;通过这一端口,消费者买到自己需要并喜欢的产品。终端是竞争最激烈的具有决定性的环节,在终端柜台货架各种品牌在这里短兵相接,如何吸引消费者的眼光和影响消费者的购买心理是终端工作关键所在。销售终端是指企业产品在销售渠道中,处于直接面对消费者的卖场,属于企业营销渠道中最前线的一环,也是最最要的环节。

二、销售终端类型

当前,销售终端主要有以下四种形式:多环节终端——或曰"普通终端",指各类零售店;消费地终端——或曰"即时消费终端",如餐厅、酒吧(包括在餐厅销售饮品之类);零距离终端——或曰"客户终端",如直销及一些大宗设备或原料;起点式终端——或曰"虚拟终端",指网上销售。

三、零售的形式

1.零售商店

(1)百货商店。指综合各类商品品种的零售商店,其特点:①商品种类齐全;②客流量大;③资金雄厚,人才齐全;④重视商誉和企业形象;⑤注重购物环境和商品陈列。

(2)专业商店。指专门经营某一类商品或某一类商品中的某一品牌的商店,突出"专"。其特点是:①品种齐全;②经营富有特色、个性;③专业性强。

(3)超级市场。是以主、副食及家庭日用商品为主要经营范围,实行敞开式售货,顾客自我服务的零售商店。其特点是:①实行自我服务和一次性集中结算的售货方式;②薄利多销,商品周转快;③商品包装规格化,条码化,明码标价,并要注有商品的质量和重量。

(4)便利商店。接近居民生活区的小型商店。营业时间长,以经营方便品、应急品等周转快的商品为主,并提供优质服务。如饮料、食品、日用杂品、报纸杂志、快递服务等。商品品种有限,价格较高,但因方便,仍受消费者欢迎。

(5)折扣商店。以低价、薄利多销的方式销售商品的商店。其特点是:①设在租金便宜但交通繁忙的地段;②经营商品品种齐全,多为知名度高的品牌;③设施投入少,尽量降低费用;④实行自助式售货,提供服务很少。

（6）仓储商店。是20世纪90年代后期才在我国出现的一种折扣商店。其特点是：①位于郊区低租金地区；②建筑物装修简单，货仓面积很大，一般不低于1万平方米；③以零售的方式运作批发，又称量贩商店；④通常采取会员制销售来锁定顾客。

2.无店铺零售

（1）上门推销。企业销售人员直接上门，挨门挨户逐个推销。著名雅芳公司就是这种销售方式的典范。

（2）电话电视销售。这是一种比较新颖的无店铺零售形式。其特点是利用电话、电视作为沟通工具，向顾客传递商品信息，顾客通过电话直接订货，卖方送货上门，整个交易过程简单、迅速、方便。

（3）自动售货。利用自动售货机销售商品。第二次世界大战以来，自动售货已被大量运用在多种商品上。如香烟、糖果、报纸、饮料、化妆品等。

（4）购货服务。主要服务于学校、医院、政府机构等大单位特定用户。零售商凭购物证给该组织成员一定的价格折扣。

3.联合零售

（1）批发联号。它是中小零售商自愿参加批发商的联号，联号成员以契约为联结，明确双方的权利和义务。批发商获得了忠实客户，零售商按比例在批发联号内进货，保证了供货渠道。

（2）零售商合作社。主要是由一群独立的零售商按照自愿、互利互惠原则成立的，以统一采购和联合促销为目的的联合组织。

（3）消费合作社。由社区居民自愿出资成立的零售组织，实行民主管理。这种商店按低价供应社员商品，或制定一定价格，社员按购物额分红。

（4）商店集团。这是零售业的组织规模化形式，没有固定的模式。它是在一个控股公司的控制下包括各行业的若干商店，通常采用多角化经营。

四、零售新业态

1.连锁商业

它是指众多的、分散的、经营同类商品或服务的零售企业，在核心企业（连锁总部）的领导下，以经济利益为连接纽带，统一领导，实行集中采购和分散销售，通过规范化经营管理，实现规模经济效益的现代流通组织形式。

2.连锁超市

它是连锁商业形式和超级市场业态两者的有机结合。是我国现代零售业主流，在发展中进一步细分和完善。如大型综合连锁超市（GMS），主要经营大众商品，其中70%是百货，30%是食品。又如仓储式会员店连锁超市，以零售方式运作批发，采用会员制。

3.特许经营

它是一种根据合同进行的商业活动，体现互利合作关系。一般是由特许授予人（简称特许人）按照合同要求，约束条件给予被授予人（简称受许人，亦称加盟者）

的一种权利,允许受许人使用特许人已开发出的企业象征(如商标、商号)和经营技术、诀窍及其他工业产权。特许经营分为:

(1)商品商标型特许经营。

(2)经营模式特许经营。

(3)转换特许经营。

4.商业街

它是由经营同类的或异类的商品的多家独立零售商店集合在一个地区,形成的零售商店集中区,也有集购物、休闲、娱乐综合功能的商业街。

5.购物中心

它是由零售商店及其相应设施组成的商店群体,作为一个整体进行开发和管理,通常包括一个或多个大的核心商店,并有许多小的商店环绕其中,有庞大的停车场设施,顾客购物来去方便。购物中心占地面积大,一般在十几万平方米。其主要特征是容纳了众多各种类型的商店、快餐店、餐饮店、美容、娱乐、健身、休闲,功能齐全,是一种超巨型的商业零售模式。

五、零售商的行业特征

1.终端服务

零售商面对的终端顾客每次购买数量小,要求商品档次、花色品种齐全,提供购买与消费的方便服务。零售经营者为此通常要多品种小批量进货,以加快销售过程,提高资金的周转率。这就形成了零售商少量多次进货、低库存和重视现场促销服务的经营特点。

2.业态多元

为解决顾客需求多样、快速变化与零售经营规模效益之间的矛盾,适应不同消费者群体需要,零售业的经营方式(即零售业态)呈现多元化特点。如商店就有百货商店、超级市场、专业商店、连锁商店、折扣商店、便利店和杂货店等各具特色的多种业态,而且还在不断创新。

3.销售地域范围小

与批发销售不同,零售商的顾客主要是营业点附近的居民和流动人口。因此,零售经营地点的选择(零售选点)就成为决定经营成败的一个关键。这是零售商经营的重要特点。

4.竞争激烈

与其他行业相比,零售业者之间的竞争显得更为直接、剧烈,手法也更加多样。如为了适应顾客的随意性购买及零售市场竞争,零售商千方百计整饰销售现场及周边环境,加强商店整体设计和形象宣传;为了吸引并留住顾客,零售商不断强化特色定位,纷纷对商店位置、营业时间、商品结构、服务项目、广告宣传、促销手段等各种因素,进行综合战略策划,实施差异化营销。

■工作任务二　销售渠道调查与分析

产品从生产厂家转移到消费者手里,除了零售终端外,还要通过由大量的中间商组成的销售渠道网络。销售网络很重要。即使你的产品很好,消费者也很喜欢,但如果渠道不畅,你的产品还是卖不出去,消费者也无法买到你的产品。"渠道为王"理念的提出,说明谁拥有发达的销售网络,谁就能在产品销售中取得优势。由于销售网络资源,尤其是优质的销售网络资源是十分有限的,各个生产企业为了使自己的产品能够更快、更好地卖出去,必然存在对销售网络资源的争夺。

项目1:啤酒销售渠道调查

在认真阅读下文的基础上,回答下列问题:

1.啤酒的销售渠道有哪几种类型?

第一种类型:生产厂家→　　　　　　　　　　消费者。

第二种类型:生产厂家→　　　　　　　　　　消费者。

第三种类型:生产厂家→　　　　　　　　　　消费者。

第四种类型:生产厂家→　　　　　　　　　　消费者。

第五种类型:生产厂家→　　　　　　　　　　消费者。

2.每种类型的优缺点是什么?

3.各种销售渠道实施需要什么条件?

啤酒营销网络模式的创新与发展

提高啤酒营销网络运营效率的最根本途径还在于根据企业实际和市场发展要求,实施营销网络模式的不断创新。

一、经销商代理制网络创新模式

通过各地区经销商代理制的网络模式是啤酒营销中最基本最普遍的网络模式,这样的模式又分为三种子模式:(1)一批商要通过二批甚至三批才能将啤酒营销到终端;(2)一批商的业务一部分通过二批,一部分由自己直接销往终端;(3)一批商则是全部业务直接由自己与终端发生,完成抛开了二批,这种网络模式缩短了网络层次,提高了物流速度,增强了一批商对终端的控制能力,是目前最有效的网络模式之一。在经销商网络模式方面不但要加强一批商的培养和管理,提高对区域内的垄断能力,形成规范有序的规模经营,还需要在此基础上完善二级联销体制的建设,更重要的是要引导培养各地的经营大户具备对二级网络和终端的控制能力和配送服务功能。这样的经销商网络模式既可完整地执行厂家政策、充分开发市场资源,又可配合厂家在当地营造品牌、引导消费、创造需求,提高了网络的高效性,网络相对成本也就大大降低。

二、直销网络模式

这是目前啤酒营销中发展较快的一种营销网络模式,尤其是在企业所在的周边城市市场,由厂家直接组织车队和人员,对各类饭店、超市连锁店、酒吧、娱乐场所等进行直销,不但开拓市场速度快,还有利于新品上市、产品铺货、价格控制、品牌提升和维护。这种网络模式又可分为三种子模式:(1)由啤酒企业成品仓库直接发货到终端,主要适用于啤酒企业本地市场,如金星啤酒对郑州市场的直销业务就采用这种模式;(2)由啤酒企业在某一区域市场设立办事处或直销中心,设立专门的中转仓库,配备必要的人员和车辆进行直销,如金星啤酒在洛阳、开封、许昌、南阳等外埠地级市就采取了这种模式;(3)由啤酒企业把业务做到一级终端,一级终端又通过自己的网络向二级终端供货,如金星啤酒对郑州思达超市、草原兴发等大型终端总店直接供货,总店再通过自己的物流系统将啤酒配送到二级连锁店。直销网络模式的建设要做好市场利润的快速提高和营销成本的有效控制,防止因市场利润过低,难以承受过高的营销成本而导致网络崩溃。

三、平台式网络模式

平台式网络模式是企业与经销商合作进行优势互补,利益共享,共同组织的网络模式。啤酒企业可在一个营销区域扶植1～2家资金雄厚、仓库吞吐量大、管理能力强的一批商,或厂家自设中转库,配备能够直接服务终端的车辆和人员,形成一个物流平台,把原来的二批、三批经销商逐渐取消,将原来较长、混乱的渠道网络变成扁平、垂直的渠道网络形态,加强了对终端的控制和服务,提高了经销商的单位效益。这种模式主要是啤酒企业与某地的大型的糖酒公司或专业酒类经营公司采用参股、控股等多种方式共同投资建立的专门从事啤酒营销的新组织。主要适用于啤酒消费量非常大的大型城市。

四、辅助式网络模式

啤酒企业给一批商、二批商配置一定的理货员和车辆,业务人员帮助经销商进行业务联系、市场策划、广告和促销配合,也就是将策划、宣传、促销活动、业务与单纯的物流完全分离,减少经销商的功能,提高经销商的经营能力。这种模式企业投入较少,仍以经销商为主体,企业只起到帮助和配合作用,在初步开发的市场和小型的区域市场是较为有效的。这种网络的结构与经销商代理制网络结构基本相同,区别在于辅助式网络模式更加重视了企业对经销商经营活动的关注,通过为经销商提供更多的硬件和软件条件,提高经销商的经营能力。目前企业实力较强的啤酒企业如金星、珠江、惠泉等大多数都大量采用辅助式网络模式。

啤酒企业要根据实际情况进行科学的营销网络模式组合,通过网络的整合,提高网络的密度和广度,提高网络的稳定性和物流的高效性。总之,关键还是要实事求是地扎扎实实地做市场,在加强网络的建设的同时,要加强网络体系的管理、改造和维护,不断提高网络的高效性,当然新思想、新方法的借鉴和引用,提高自身创新意识也是必不可少的。

现行常用的啤酒渠道有如下几种:一是传统流通渠道,主要是指分销商、批发商、批零商等;二是餐饮终端渠道,主要是指大中小各类餐饮终端、酒店等;三是零售终端,包括 KA 大卖场在内的现代零售终端以及传统 B、C 类店、零售店、便利店等;四是夜场,主要是指 KTV 包厢、夜总会、练歌房等一些娱乐场所等。

项目 2:衬衫销售渠道调查

请选择一个衬衫品牌,对其销售渠道进行调查分析。

1.衬衫的销售渠道有哪几种类型?

第一种类型:生产厂家→   消费者。

第二种类型:生产厂家→   消费者。

第三种类型:生产厂家→   消费者。

第四种类型:生产厂家→   消费者。

第五种类型:生产厂家→   消费者。

2.每种类型的优缺点是什么?

3.各种销售渠道实施需要什么条件?

项目 3:轿车销售渠道调查

请与汽车维修与营销技术专业的同学合作,对目前家庭轿车的销售网络进行调研,并写出调研报告一份(1000 字)。

■教师讲解

销售网络

营销网络之于市场,犹如血脉之于人体,网络的分布广度与密度、网络结构的稳固性、网络物流的快捷性、网络维护与管理的成本都直接关系到市场营销工作的成败。21 世纪的营销是网络制胜的时代,建立新的营销网络建设理念,积极实施营销网络模式的创新,不断加强营销网络建设,是提高企业市场控制力和市场竞争优势的法宝和必然选择。

由于我国个人消费者与生产性团体用户消费的主要商品不同,消费目的与购买特点等具有差异性,客观上使我国企业的销售渠道构成两种基本模式:企业对生产性团体用户的销售渠道模式和企业对个人消费者销售渠道模式。

企业销售渠道模式有如下几种:生产者—用户(消费者);生产者—零售商—用户(消费者);生产者—批发商—用户(消费者);生产者—批发商—零售商—用户(消费者);生产者—代理商—批发商—零售商—用户(消费者)。

根据有无中间商参与交换活动,可以将上述模式中的所有通道,归纳为两种最基本的销售渠道类型:直接分销渠道和间接分销渠道。间接渠道又分为短渠道与长渠道。还可分为宽渠道与窄渠道、单渠道与多渠道等。

一、直接分销渠道

直接分销渠道是指生产者将产品直接供应给消费者或用户,没有中间商介入。直接分销渠道的形式是:

生产者——用户

直接渠道是工业品分销的主要类型。例如大型设备、专用工具及技术复杂等需要提供专门服务的产品,都采用直接分销,消费品中有部分也采用直接分销类型,诸如鲜活商品等。近几年来,尤其是 1988 年以来,企业自销的比重明显增加。如 1990 年,我国由钢厂自销的钢材,占全国钢材总产量的 38%;汽车以指令性计划供销的仅占 20.20%。

二、间接分销渠道

间接分销渠道是指生产者利用中间商将商品供应给消费者或用户,中间商介入交换活动。间接分销渠道的典型形式是:

生产者—批发商—零售商—用户(消费者)

现阶段,我国消费品需求总量和市场潜力很大,且多数商品的市场正逐渐由卖方市场向买方市场转化。与此同时,对于生活资料商品的销售,市场调节的比重已显著增加,工商企业之间的协作已日趋广泛、密切。因此,如何利用间接渠道使自己的产品广泛分销,已成为现代企业进行市场营销时所研究的重要课题之一。

三、长渠道和短渠道

分销渠道的长短一般是按通过流通环节的多少来划分,具体包括以下四层:

(1)零级渠道(MC) 即由制造商—直接到消费者。

(2)一级渠道(MRC) 即由制造商—通过零售商—到消费者。

(3)二级渠道(MWRC) 即由制造商—批发商—零售商—消费者,多见于消费品分销。

(4)三级渠道(MAWRC) 制造商——一级批发商—二级批发商—零售商—消费者。

可见,零级渠道最短,三级渠道最长。

四、宽渠道与窄渠道

各环节中使用同类型中间商数目的多少。企业使用的同类中间商多,产品在市场上的分销面广,称为宽渠道。如一般的日用消费品(毛巾、牙刷、开水瓶等),由多家批发商经销,又转卖给更多的零售商,能大量接触消费者,大批量地销售产品。企业使用的同类中间商少,分销渠道窄,称为窄渠道,它一般适用于专业性强的产品,或贵重耐用的消费品,由一家中间商统包,几家经销。它使生产企业容易控制分销,但市场分销面受到限制。

五、单渠道和多渠道

当企业全部产品都由自己直接所设的门市部销售,或全部交给批发商经销,称之为单渠道。多渠道则可能是在本地区采用直接渠道,在外地则采用间接渠道;在有些地区独家经销,在另一些地区多家分销;对消费品市场用长渠道,对生产资料市场则采用短渠道等。

■工作任务三　销售渠道管理分析

为了把产品顺利地销售出去,生产厂家与中间商必须建立良好的合作关系。从营销实践看,双方的合作内容主要包括销售风险的分担、销售利益的分配、销售资金的分担、产品的储运、信息的沟通、铺货、产品宣传与推广等方面。

项目1:啤酒销售渠道管理

请认真阅读下文,你认为啤酒销售渠道管理的主要内容有哪些?(1000字)

目前啤酒市场营销网络存在的问题

由于在我国啤酒市场明显的区域性、市场竞争的激烈性和秩序的混乱性、市场结构的复杂性和分散性等因素使目前我国啤酒营销网络建设整体水平不高,还普遍存在许多令人担忧的问题,主要表现在:

第一,经销商积极性不高。由于严重的供求矛盾导致近年来市场竞争日益激烈,市场秩序混乱,商业诚信度降低、低价竞争严重,许多经销商普遍感到啤酒生意越来越难做,利润越来越薄,越做越累,越做越没有信心。

第二,专业型经销商少。目前专门经销啤酒的经销商还较少,而大部分都是以经销白酒、烟及其他百货为主,啤酒的经营额只占其中一部分,一些低档啤酒甚至纯粹就是为其他商品配货。

第三,部分经销商素质低、经营意识落后。有不少经销商文化水平低下,小农小商思想严重,经营意识落后,不能及时转换功能,改坐商为行商,更没有公司化的经营管理意识，只看到眼前利益，没有品牌意识，不做网络建设，不搞终端维护，没有长远的战略计划，缺乏科学的库存管理、市场调研、客户管理，更谈不上区域经营的战略计划。

第四，价格秩序混乱，利润率降低。一方面由于许多企业按营销量给经销商各种月、年返利和回扣，使得经销商为争夺市场份额扩大当期销量，而互相降低价格，价格秩序混乱，造成利润率降低，经销商又以种种条件向企业要利润，被迫企业就范，否则就中断业务，网络自然会随之崩溃；另一方面，各企业为争夺一、二批商和终端而竞相压价，导致市场价格秩序混乱，低价竞争严重，利润低下；再一方面，还有的企业市场监控和价格控制不力，经销商或业务员与经销商窜通进行跨市场的窜货，导致市场价格混乱，厂商均遭受损失，在旺季如果厂家货供紧张更容易发生窜货现象。

第五，网络之间的冲突严重，网络稳定性下降。越来越多的企业和经销商把目光转向了终端，展开了终端争夺战，终端身价倍增，反而开始以种种理由提出苛刻的条件，使企业和经销商不得不满足，一个是贪得无厌，一个是无可奈何。因而不同品牌的企业和经销商之间，同一品牌的不同经销商之间为争夺同一目标终端而发生激烈冲突，冲突的程度取决于市场上竞争品牌的多少和企业对终端的控制力。而且同一企业的不同网络体系之间也存在冲突，经销商网络体系和企业直销网络体系为争夺同一目标市场也容易造成冲突，这不但损害了经销商的利益，也损害了企业利益。

第六，网络控制难度增大，网络成本增加。许多啤酒企业的网络都在向扁平化发展，虽然二批、三批等中间商减少了，网络链缩短了，但终端商大大增加了，无论是一批商还是企业对网络的控制难度都增大了，而且网络的成本也在不断在增加，如果营销量没有明显增长，过高的网络成本费用将成为企业和一批商沉重的包袱。还有许多大型啤酒企业配置了大量的车辆和人力在做直销，用人海战术直接到终端跑单、服务，同样大大增加了网络成本。

提高现有营销网络效率的有效方法

最重要的还是啤酒企业要认真评估自己现有的网络，找出问题，分析原因，对症下药。啤酒企业要认真对自己现有的网络进行评估，通过客观的分析找出影响网络高效性和稳定性的问题，并据此制订出科学可行的网络改进方案。根据目前啤酒企业网络存在的普遍性问题，啤酒企业应重点做好以下工作：

第一，提高企业的信用度，增强现有经销商的信心。由于市场竞争激烈，许多啤酒企业经营利润下降甚至出现大面积亏损，曾经对经销商的各种奖励承诺不能在年终兑现，信用度降低，破坏了厂商之间的利益关系，使网络体系的稳固性降低。市场经济就是信用经济，啤酒企业要逐步提高信用度，增强经销商的信心，一方面企业要尽最大能力兑现对经销商的许诺，降低经销商的损失，以后不再对经销商随便许诺,要保证一诺千金;另一方面为经销商提供更好的产品、品牌和服务,使产品的具有较强的市场竞争力,提高营销政策的透明度和稳定性。

第二,加强价格控制,保持经销商应有的利润。价格秩序混乱,经销商利润下降是网络势能弱化的关键因素之一。啤酒企业必须加强价格的管理和控制,一方面是尽量取消各种或明或暗的现金或实物返利,企业不随便调整产品价格,使经销商不随便降价保持顺价营销;另一方面加强市场价格的监督和管理,对自行降价或因窜货导致价格混乱的经销商和业务员严厉处理。金星啤酒集团制订了非常严厉的价格管理制度,对违反价格规定的经销商和送货车主首次发现当即没收其保证金,并终止合同,业务人员如果监督不力罚款 1000 元以上,如果参与其违规行为除罚款外还要立即开除。价格管理非常有效,在激烈的市场竞争中经销商的利润不断增长。

第三,提高经销商竞争意识和开拓市场能力。许多经销商素质较低,观念落后,坐商思想严重,缺乏竞争意识,市场开拓能力较差,这严重影响了网络的成长和竞争力。啤酒企业一方面要对现有的经销商进行宣传和教育,提高其竞争意识,主动出击,积极开拓市场,啤酒企业在经销商开拓市场过程中要提供必要的市场调查、目标定位、产品组合、促销方案、产品配送等方面的服务;另一方面啤酒企业要不断发现和培养一批素质相对较高、实力较大的新经销商,逐步淘汰市场开拓能力难以提高的经销商,提高经销商的整体素质。

第四,加强区域市场管理,减少网络冲突。啤酒企业要加强区域市场的管理,对各级经销商要划分较为明确的营销区域,严禁跨区营销,防止同一品牌的不同网络之间的冲突,避免自相残杀出现内乱。金星啤酒集团在加强区域市场管理方面制订了详细的措施,对各级经销商划分明确的营销区域,对违反规定进行跨区营销的经销商严厉处罚,直至终止合同,尤其是在郑州市企业直销网络和一批商网络在终端商的划分上更是泾渭分明,互不侵犯,保持了经销商网络和直销网络同步增长,竞争力不断增强。

项目 2:轿车销售渠道管理

请认真阅读下文,并结合其他材料,你认为轿车销售渠道管理的主要内容有哪些?(1000 字)

一级代理仅留 88 家　华晨轿车分网行动露端倪

"超低调"分网

"华晨目前这种'多品种、单一销售渠道'的局面将要打破"。2 月 13 日,骏捷 Wagon 北京上市会后,华晨金杯总裁刘志刚向记者透露,华晨分网已经开始运作。刘志刚认为,随着中华 A、B 级车两大平台战略的形成,华晨目前这种"多品种、单一销售渠道"的局面也需要打破。而现在最令华晨头疼的是,如何在成熟的营销体系中切割一级和二级以及如何调动利益受损的二级经销商的积极性。

　　此次分网自去年年底开始运作，华晨方面对此口风甚紧。"公司还没有正式对此下达文件"，华晨金杯销售公司一位中层告诉记者。另外一位中华销售市场处大区首席则表示，他还没有获得分网的消息，"华晨一直按品牌授权"。他指的是，中华轿车和金杯早已经分网。但现在中华轿车也要分网，令他感到意外。

　　之前分网活动早已小露端倪。华晨集团董事长祁玉民去年底接受访问时，在回答本报记者有关华晨营销体系调整的问题时，突然变得言辞闪烁，令人意外地称"这是很敏感、很尖锐的问题"。实际上就在此时，华晨分网行动已悄然启动。

　　负责中华销售的一位区域经理进一步向记者确认了分网的消息，"还剩下一些细节没有敲定"。他表示，以骏捷 FRV 为代表的 A 级车平台和以尊驰、骏捷、酷宝等车型为代表的 B 级车平台，将成为未来华晨分网的依据。随着 15 万辆产能的 A 级车工厂投入使用，华晨三厢 FRV 也很快上市，A 级车产品线将不断丰富。至于分网原因，该区域经理认为，分网是为了整合提升经销商实力，将减小经销商压力，并且更便于厂商统筹管理。

　　"我的职业生涯一直就是在做这样的事儿"，刘志刚表示，为了适应市场发展需求，对网络进行优化是在企业经营发展过程中很正常的事情，"过去只有中华车，现在有 FRV、Wagon 等许多车型，未来还将有新品，怎么在网络体系中让它们与消费者更好地见面，怎么运作效率才最高，这是必须要考虑的事情。"

　　业内人士认为，华晨分网将面临不少阻碍，因为对于一个已经在全国拥有几百家经销店的车企来说，在经销店发展成熟时期分网，难免要涉及各种关系处理和利益分割，"这是厂家的重大决策，弄不好就会影响销售。"

一级代理仅留 88 家

　　华晨打算分网的消息，最初是从今年初在三亚举行的经销商大会中传出，当时华晨在会外组织了一个小型座谈会，向一部分经销商老总征求意见。2 月 12 日，在骏捷 Wagon 北京 798 工厂上市前夜，华晨全国 88 家"重点经销商"齐聚北京云南大厦，讨论调整营销体系的事宜。

　　这次会议的主要议题包括：发展二级网络、鼓励大客户开发和骏捷 Wagon 上市的推广等。其中发展二级网络，就是指将一些一级经销商调整为二级经销商，并鼓励优质的骨干经销商在市、县、地区多发展二级经销商，形成一个一级经销商下面涵盖若干个二级经销商的局面，这种调整同时也考虑到了国家刚出台的"汽车下乡"政策。

　　"有幸"列席云南大厦会议的 88 家"重点经销商"，基本就是分网以后的"一级代理"。未来，这 88 家经销商可以继续销售华晨全系轿车，而其他经销商则面临着被降级或淘汰的命运。

　　"有 100 多家原一级经销商已降为二级"，北京一家华晨 4S 店老总杨先生（化名）参加了此次会议。他表示，此次调整中，北京、上海、广州和重庆等地在华晨的营销体系中，被称为"特区"，总体变动较小，由一级调整为二级的多出现在中心城市以外。"北京现有六家华晨 4S 店本来就是一级代理，每年的销售总量仅相差一二百台,估计不会有太大变化。"

杨先生也表示了他对华晨分网的担忧,"不知道具体要怎样分网,让谁家做一级、谁家做二级呢? 这恐怕不好办吧。如何继续调动那些被降级的经销商的积极性呢?"

抚慰"民心"确是当务之急。华晨拟对二级经销商采取"鼓励"办法,包括两方面:其一是在 VI 标识改造、店头建设和广告宣传活动上给予扶持;其二是在补贴、返点上给予更多优待。

北京某华晨 4S 店销售经理认为,骏捷 FRV 征战市场成功,让华晨坚定了做大 A 级车平台的决心,并进一步有了分网的想法。"再有两个多月分网就该尘埃落定了,因为下半年还有不少销售任务等待完成。"事无巨细,分网也要一步步实施,不可能一刀切,"华晨得去挨家谈"。

（资料来源：http://auto. ce. cn/main/xwzx/qyzx/200902/19/t2009019_18252301）。

■教师讲解

销售渠道运行与管理

优秀的营销渠道网络具有良好的可控性,主要表现在营销渠道网络的管理与网络成员的控制等方面。在任何一个企业营销渠道网络中,各个渠道成员和营销主体之间都存在冲突与竞争,所以如何与网络成员建立一种良好的合作关系对企业的营销渠道网络的建设尤为重要。这种良好的合作关系要依靠企业建立一种有效的管理体系来完成。对网络成员的管理与控制主要包括:如何制定合适的经销商政策、如何激励经销商、如何控制区域市场以及如何对违反规则的经销商进行处罚等方面。可以说,对营销渠道网络成员管理水平的高低是决定营销渠道网络成败的关键。

在实际的运作中,企业要根据自己的实际情况如资产、产品、管理水平与渠道的关系等来选择什么样的控制方式。营销渠道网络是企业营销竞争的核心,当一个企业在选择什么样的营销渠道网络时,就应该关注如何保持这个核心,以提高企业的竞争力,保持核心的方法就是管理。选择什么样的营销渠道网络模式是重要的,如何管理这个网络就更为重要。营销渠道网络的管理基本内容是经销商政策管理、网络终端管理、客户管理和对营销渠道网络的评估与改进四个部分。

一、经销商政策管理

经销商政策是保证网络畅通,促进企业与经销商"双赢"的重要条件。企业制定经销商政策时,往往因为对经销商激励和约束不够,导致经销商对终端铺货不积极、相互窜货、彼此之间压价竞争等问题出现,使企业营销渠道网络混乱,难以控制渠道成员。所以制定对经销商有约束和激励的经销商政策是企业营销渠道网络建设的当务之急。经销商政策主要包括以下几个方面的政策：

(1)分销权及专营权政策。制定此政策的目的是确保经销商的专营权。限定经销商的销售区域,规范分销规模,防止窜货或占着市场不经营。内容包括：经销商区域限定、授权期限、分销规模、违约处理四个方面。

(2)返利政策。目的是激励经销商销售的积极性。内容包括：返利的标准、返利的时间、返利的形式、返利的附属条件等。

(3)年终奖励政策。这一政策实质上是返利政策的一种。很多经销商和厂家比较看重这种形式,因而从返利政策中分离出来,主要内容与返利政策一样,在应用中主要防止经销商为了拿年终奖励而将市场价格冲垮。所以应注意时间上的应用。

(4)促销政策。目的是促进销售,激励经销商销售的积极性。主要内容是：设定促销目标、设计促销力度刺激经销商的销售积极性、确定促销内容、设计促销的时间、对促销费用的申报管理、促销活动管理及促销考评。

(5)客户服务政策。目的在于尽最大努力做到使客户满意。主要内容有：客户投诉处理程序、售后服务政策、配送制度、订发货程序、员工礼仪、客户接待制度等。将这些详尽的制度通报客户,从而确保实现客户满意。

(6)客户辅导培训政策。目的在于提高经销商的经营能力,促进企业和经销商之间的沟通。主要内容是确定培训对象、内容、时间、地点等。

经销商政策关系到企业与经销商的关系、利益以及企业的营销制度建设方面的工作,在管理工作中具有重要的意义。

二、网络终端管理

在现代的市场竞争中,强调终端市场建设具有重要的意义。销售工作的首要要求是把产品摆到零售点柜台上,让消费者看得到、买得到。产品只有占据终端市场,在销售点上与顾客见面,才有可能被顾客购买。企业重视终端市场可以通过布置网络终端,如展示、陈列、POP广告等方式,把自己的产品与竞争品牌区别开来,达到刺激消费者随机购买的目的。这对于企业掌握市场主动权,提高厂家对销售通路的调控能力,保证产品顺畅销售、加大经销商对厂家的依赖都具有重要意义。

在营销工作中,管理网络终端,促进市场生动化是网络终端管理的重要内容。具体包括以下三个方面的内容：

1.确定网络终端的覆盖面

网络终端的覆盖面关系到企业分销网络整体布局的均衡状况。覆盖面太低,可能不利于企业占领市场,太高则有可能增加企业的销售成本。所以确定适当的网络终端的覆盖面很重要。一般网络终端覆盖面涉及的目的主要有三个方面：保持企业各终端销售点的均衡发展,促进各终端销售点的协调,推动企业产品市场的有序扩张和可持续发展。

在具体的选择方案上,应考虑分销成本、市场覆盖率、企业对终端的控制能力以及企业后勤支持系统的跟进能力等。确定企业终端覆盖面可选择的方案有：

（1）密集网络终端，即企业尽可能利用大量的、符合最低信用标准的零售点都纳入企业的终端，最大限度地与消费者面对面。其缺点是销售成本比较高、不易控制。

（2）选择性终端，生产企业在特定的市场通过少数几个精心挑选的、最适合的分销商来销售本企业的产品。其优点是容易控制成本较低，但覆盖面不高。

（3）独家终端，对于专业性和售后服务要求高的产品，独家终端较好地解决专业服务的问题，其缺点是市场覆盖面较低。

2. 布置网络终端

终端市场建设在当前的发展趋势就是标准化。即企业对产品陈列位、陈列面、产品结构、产品库存、POP、落地陈列（堆头）及维护方面做出具体的标准化规定。也就是说要求终端售点按照企业的一定的要求进行产品陈列和布置，企业销售人员也在拜访客户时给销售终端以指导和帮助。

3. 促进市场生动化

网络终端是直接与消费者面对面接触的地点。消费者能不能认同产品，注意到产品，很大程度上取决于产品在陈列时留给顾客什么印象，所以使售点市场生动化很关键。所谓生动化是在售点进行的一切能够影响消费者购买产品的活动。生动化原则的内容包括三个方面：产品及售点广告的位置、产品及售点广告的展示方式、产品陈列及存货管理。可口可乐在长达一百多年历史里，销量仍在增加，依靠的就是产品质量和形象质量，形象质量就是通过市场生动化将产品最好的形象展示给消费者。

三、客户管理

当一个企业的营销渠道网络构架起来后，管理网络客户就是重要的工作。客户是企业销售体系的重要部分，是企业的重要资产之一。客户管理的实质就是如何有效地运营客户这项资产，对它进行开发、维护、运用并使其增值。

对客户管理的出发点就是既调动经销商的积极性，又要降低经销商可能给企业带来的风险。所以客户管理包括以下几个方面的内容：

（1）利益管理。利益是联系经销商与厂家的纽带，如果经销商不能赚到钱或赚钱太少，经销商就会离企业而去，精心构造的销售网络就会土崩瓦解。企业要管理好客户，首先就要确保经销商能够赚到钱。让客户赚到钱不只是取决于企业的产品留给客户的差价有多大，而更重要的是取决于企业的市场开拓与市场管理能力，为产品营造一个畅销的局面。为销售创造一个良好的秩序，是让客户赚钱的前提。

（2）支援和辅导经销商。支援和辅导经销商即培训经销商以及厂家对经销商提供与销售有关的指导与帮助。一般经销商支援和指导内容比较多，主要有对经销商经营管理提出意见，提供经营信息给经销商，给予广告、公关方面的指导与援助，指导经销商的店铺装修、产品陈列以及对经销商培训等内容。

（3）建立良好的客情关系。建立与经销商或者客户良好的关系是促进与客户接触的重要前提，感情可以弥补利益不足之处。这是建立与客户双向沟通的重要条件。

(4)风险控制。经销商与生产企业是两家独立的法人,有着自己不同的经济利益。因此有些经销商会为追求一己私利而置厂家利益于不顾,从而给企业带来风险。如窜货引起的市场混乱、低价抛售冲击市场、拖欠货款造成资金风险等。企业必须通过契约和法律的方法、利益的方法和客户关系来控制风险。

四、对营销渠道网络的评价和改进

营销渠道网络建设的质量直接关系到企业营销能力的高低,评价营销渠道网络对于企业改进网络具有重要的意义。评价营销渠道网络主要包括以下几个方面:

(1)企业内部是否建立了有效的销售管理组织。这是企业能否给销售网络以迅速有效的支持的关键。

(2)企业是否有健全的客户管理制度。包括客户档案的建立、客户支持和指导管理制度、有效的防范风险机制等方面。

(3)企业是否建立了客户铺货管理制度。其目的是掌握铺货率,降低铺货风险。

(4)企业是否拥有良好的客情关系。

(5)企业是否采取了持续有效的促销活动。

未来的时代是竞争的时代,也是企业在营销渠道网络上竞争的时代,关注营销渠道网络的发展,关注营销渠道网络创新动态,企业就拥有了未来竞争中的制胜利器。

■情境综合项目训练

1.以自己熟悉的某一产品为例,模拟设计销售渠道。

2.联系当地某家具企业,深入调研其产品销售渠道管理中存在的问题并提出相应的对策。

■企业项目:A啤酒的渠道策略

倒着做渠道——1999年A啤酒成都上市

时间:1999年元月

地点:成都

背景:

1998年,A啤酒入主四川绵阳,建立了自己在西南的第一个生产基地。在最初的时期,A 啤酒以经营、生产"亚太"为主,销售范围仅在绵阳周边。而 A 啤酒必须最终抢滩成都,才能真正打开四川市场的局面。

成都市场基本情况:地处川西平原中心,是西南地区的交通枢纽,也是经济、文化和物流中心,市区总人口约 600 万,啤酒市场总容量近 13.96 万千升。

分析:

1. 当时是蓝剑啤酒集团的天下:"蓝剑"系列的蓝剑啤酒、红剑啤酒、蓝剑纯生、五星啤酒、蓝剑冰啤等品牌的市场覆盖率为 100%,综合占有率 95%。这样的市场地位,对于任何一个新进的竞争者,都无异于筑起了一道极难攻破的壁垒。

2. 渠道与销售环节的控制是蓝剑经过多年经营"一统天下"的基石,也是蓝剑啤酒集团控制市场的优势手段,而这一点恰恰是 A 啤酒的短处。

3. "消费者"这个环节才真正是市场经济社会中品牌的立足点。"让消费者在第一时间第一现场见到 A 啤酒"成为 A 啤酒在成都上市的核心,以消费者的认同启动整体市场的运作。

4. 那么就将产品的销售直接从消费者这个环节入手——"倒着做渠道"——先直销给终端,一旦消费者对 A 啤酒认可并产生了需求,再进入分销阶段。

5. 选择了餐饮店这一啤酒量最大、周转迅速、消费者最集中的目标终端,集中全部销售力量,采取个个击破的战术,直销产品。

操作:

1. 1998 年 5 月开始,A 公司通过对外招聘,组织了成都销售公司。该销售公司的人员,员工几乎都是由毕业不久的大学生组成,是具有极大的工作热情"新人",在半年多的时间里,从最为基础的销售技巧到渠道规划,配合大量"模拟现场"式的个案分析对销售团队进行了半封闭型的集中培训。并在成都的周边市场(资阳、简阳、崇州、眉山等),以"亚太"啤酒对蓝剑啤酒展开了"农村包围城市"的围合战,挑战蓝剑成熟的市场地位。通过了"见招拆招"式的实际运作,不断总结经验和教训,让销售团队更加了解了对手,发现蓝剑的弱势和不足,积累自身的销售操作经验。

2. 依据市场开发策略与目标,将成都市场规划为六个销售片区,每一个区设定一名销售主任,下属 4~5 名销售代表,并设若干销售代表助理。这些人员对所辖区域内的餐饮店严格执行线路拜访;逐一拜访、谈判,并负责终端 POP 的张贴、管理、促销小组管理以及促销品的发放。

3. 年轻的销售队伍,在当时爆发了极大的工作热情:不知疲倦地奔波于各个终端,以难以想象的坚韧加上并不灵活的"三寸不烂之舌",于终端老板们展开了一场"攻坚战"。在"量身定做"的"川情篇"、充满民俗风味的"贺岁篇"和冲击力极强的"雷霆上市篇"广告的轮番"轰炸"支持下,用自己的辛勤汗水换来了开门红:仅在1999 年 1 月 18 日——当天即直销铺货达到了 300 家火锅店!

4. 通过缜密、强大的营销攻势,A 啤酒在成都成功上市后,为了扩大战果,A啤酒适时地调整了渠道策略,在直销、铺货终端达 2500 家、经销商纷纷主动上门要求经营的情况下,将成都分区划片,选择了 11 家一批,100 多家二批,合理布局,规范经营;统一批发价格,并严格控制终端零售价,确保渠道各个环节经营的单箱利润同时,A 啤酒建立了严格的销售、市场反馈评估体系,及时知晓市场的任何细节变化以调整营销策略。

市场结果:

1999 年 5 月,A 啤酒成都普通市场餐饮店覆盖率达 90%;

1999 年,A 啤酒成都市销量 2 万吨;

1999 年 A 啤酒成都市场占有率达到 25%;

1999 年,A 啤酒品牌知名度 90%;

1999 年,A 啤酒在中国西南的中心——成都,开创了它的"元年"。

"A"啤酒餐饮俱乐部

时间:2002 年 7 月

地点:重庆

前言:

A 啤酒于 2002 年 4 月份进入重庆市场,由于是新品牌进入,前期主要开展大量的铺货工作。由于重庆市场的特殊性,一度使铺货速度进展缓慢,特别是一些中高档终端,更是一个难以突破的瓶颈,因此,如何找到一个行之有效的铺市方法,成为重庆分公司的当务之急。

背景:

重庆市场主要以山城啤酒为主,其市场覆盖率达到 98% 以上,市场占有率达到 85% 以上,基本上形成垄断市场;而山城啤酒十几年的历史,也在消费者及终端形成很高的品牌忠诚度。在这种情况下,A 啤酒以新品牌进入,其上市期必然需要很长一段时间去让终端了解,如何缩短这个时间,突破终端阻力,在上市期主要阻力来自于终端的争夺,主要存在下列问题:

1.A 啤酒作为新品牌进入,终端及消费者不了解,许多终端不愿意补偿新产品,怕销售不好。

2.一些中高档终端及生意好的终端入场费高,而且条件苛刻,各种品牌竞争达到白热化。

3.对于已销售 A 啤酒的终端配合程度差,不主动推销,无法全面执行终端生动化工作。

4.各品牌在终端的竞争方式简单而直接,基本上是以高成本促销或低价进入等方式打击对手,一方面增加了终端的胃口,而且形式单一,无法保护终端的积极性。

分析:

在对上述情况进行分析后,从以下几方面入手进行方案设计:

1.如何进入终端,且成本能够承受。

2.如何让终端主动地配合执行终端生动化工作。

3.如何建立与终端长期友好的合作。

4.如何避免低级的成本促销方式,寻求一种突破性的创新方法。

5.如何在开展促销活动中不损害品牌形象。

要达到上述要求,首先应该找到一个突破口,让终端能够产生强烈的兴趣,从而主动地、积极地加以配合。在对终端深入的了解后,发现:每个终端老板最关心的是他自己的生意状况,他们每天都会花大量的心思去思考如何提高经营,如何将自己的店做大做强。因此,提出将入场费改为广告费,去帮助终端宣传他们自己,而前提是必须销售 A 啤酒;找到了这样一个方法,紧跟着策划了"A 啤酒餐饮俱乐部",将终端吸收为会员单位,加入俱乐部将享受一系列的优惠待遇,前提也必须是销售 A 啤酒并做好终端生动化工作。有了这两个突破之后,又与重庆知名媒体《重庆晚报》合作,策划了一个鼓励加入俱乐部的促销活动,整个方案基本出笼:

1.会员条件

只要销售 A 啤酒并达到规定陈列标准的餐饮终端,都可以成为 A 啤酒餐饮俱乐部的会员。

2.会员权利

a　建立与 A 啤酒长期友好的合作关系;

b　优先享有 A 啤酒所提供的各种促销政策;

c　优先享有 A 啤酒所提供的各种促销品;

d　优先享有 A 啤酒所提供的其他各种服务。

3.会员义务

a　积极主动向顾客推荐 A 啤酒;

b　积极宣传 A 啤酒产品和企业形象;

c　积极配合 A 啤酒所开展的各种促销活动;

d　保证 A 啤酒在店内的陈列优势。

操作:

1.促销活动:为了在短时间内提高铺货率,对于在 2002 年 8 月 15 日前加入 A 啤酒餐饮俱乐部的会员,在《重庆晚报》专门开辟了一个专栏,取名为:"A 啤酒餐饮俱乐部之美食在线",专门用于宣传会员单位及其特色菜品,每天一条,该内容由《重庆晚报》专职记者免费采写,以新闻形式刊出,字数在 200～500 字之间;而且会员单位每天将获得 A 啤酒赠送的 10～50 份当天《重庆晚报》及报架一个,用于就餐顾客免费阅览。

2.会员活动:对于加入的会员,将建立完整的档案及销售记录,每月根据其销售量进行分类评选,分别评出黄金会员、白金会员、钻石会员,给予不同的奖励,颁发证书,而奖品将根据其具体销售量分别奖励重庆知名媒体广告一次,在年终,还可再次进行评选,奖品依然是广告。

效果：

通过上述活动,利用加入会员的待遇将产品进入了终端,利用知名媒体免费宣传的形式提高了终端的积极性,利用促销活动保证了短时间的铺货率,利用在报上开辟专栏也宣传了 A 啤酒,而且赠送给终端的报纸,全部印上了"A 啤酒赠阅"的字样,为消费者在用餐时作了一次很好的购买提示,而且赠送报纸的做法也为终端提供了宣传,可以很好地吸引顾客,因而受到终端的欢迎。

附件:A 啤酒餐饮俱乐部

俱乐部简介：

A 啤酒餐饮俱乐部系 A 啤酒为服务广大餐饮客户所建立的一个服务系统,其宗旨是构筑一个在餐饮店之间及餐饮店与消费者之间信息交流的平台,只要您成为俱乐部会员,将会感觉到 A 啤酒无微不至的服务和精心为你打造的各种促销优惠,更有许多意想不到的惊喜带给你,在这里,你会找到家的温馨,在这里,你会找到真诚的友谊,因为——我们为你想得更多!

会员条件：

只要销售 A 啤酒并达到规定陈列标准,都可以成为 A 餐饮俱乐部的会员。

会员权利：

建立与 A 啤酒长期友好的合作关系。

优先享有 A 啤酒所提供的各钟促销政策。

优先享有 A 啤酒所提供的各种促销品。

优先享有 A 啤酒所提供的其他各种服务。

会员义务：

积极主动向顾客推荐 A 啤酒。

积极宣传 A 啤酒产品和企业形象。

积极配合 A 啤酒所开展的各种促销活动。

保证 A 啤酒在店内的陈列优势。

会员注册：

会员注册可在各区 A 销售代表处填写《注册表》,经销商代表审核其资格后报 A 啤酒重庆分公司进行注册登记。也可拨打热线电话:××××××××

为感谢各餐饮店为俱乐部的支持,凡在 2002 年 8 月 15 日前加入 A 啤酒餐饮俱乐部的会员,将享受如下优惠政策:获得 A 啤酒赠送的《重庆晚报》10～50 份/天,用于就餐顾客免费阅览,并附赠报架一个。

将有机会获得《重庆晚报》200～500 字独家采访报道,用于会员自身宣传或其特色菜品宣传,该报道将由《晚报》派专职记者采写,以新闻形式刊出。

活动时间为×月×至×月×日

附件:重庆餐饮俱乐部会员注册表

——A啤酒餐饮俱乐部——

会员名称			编号	
地址			电话	
联系人			电话	
销售 A 啤酒品种		有　无	日均销量	
		有　无	日均销量	
陈列生动化				
类别	执行情况		数量	陈列位置
样品酒	有　无			
堆码	有　无			
宣传画	有　无			
立人牌	有　无			
易拉宝	有　无			
样品架	有　无			
桌卡	有　无			
此次促销活动赠报数量				
销售代表			片区主管	
会员单位:(盖章) 代表人:				
			注册日期：　年　月　日	

说明:

会员单位有义务保护店内 A 啤酒陈列标准及爱护陈列宣传品。

会员单位有义务配合 A 啤酒在会员店内开展促销活动。

请会员单位核实赠报数量,如数量有误,请拨打电话:×××××××××查询

华润蓝剑重庆分公司

情境七　品牌推广与促销

工作任务一　促销形式调查

产品促销形式调查分析表

(如该产品有此种促销形式,请在此项目栏目中打钩)

促销形式 \ 产品	1 方便面	2 啤酒	3 衬衫	4 轿车	5 楼盘
降价					
电视广告					
报纸广告					
销售现场广告					
销售现场导购					
冠名文艺晚会					
专柜销售					
4S 店					
赠品					
对经销商的返利					
对经销商的让利					
代销					
品尝					
试用					
其他					

教师讲解

促销的基本形式

促销可以从广义和狭义两个角度来考察。就广义而言,市场营销组合的各个因素都可以纳入促销范围,诸如产品的功能、式样、包装的颜色与外观、价格、品牌、分销渠道等,因为它们都从不同角度传播产品的某些信息,推动对产品的需求。就狭义而言,促销只包括具有沟通性质的促销工具,主要包括各种形式的广告、展销会、商品陈列、销售辅助物(目录、说明书等)、劝诱工具(竞争、赠品券、赠送样品、彩券),以及宣传等。

我们把企业的促销方式主要方式归纳为四类:广告、人员推销、公共关系、销售促进(营业推广)。

一、人员推销

人员推销是一种传统的促销方式,可在现代企业市场营销活动中仍起着十分重要的作用。国内外许多企业在人员推销方面的费用支出要远远大于在其他促销方面的费用支出。实践表明,人员销售与其他促销手段相比具有不可替代的作用。

1.人员推销含义

人员推销是指企业派出推销人员直接与顾客接触、洽谈、宣传商品,以达到促进销售目的的活动过程。人员推销不仅存在于工商企业中,而且存在于各种非营利组织及各种活动中。西方营销专家认为,今天的世界是一个需要推销的世界,大家都在以不同形式进行推销,人人都是推销人员。科研单位在推销技术,医生在推销医术,教师推销知识。可见推销无时不在,无处不在。

企业可以采取种种形式开展人员推销:

(1)可以建立自己的销售队伍,使用本企业的销售人员来推销产品。推销队伍中的成员又称推销员、销售代表、业务经理、销售工程师。他们又可分为两类:一类是内部销售人员,另一类是外勤推销人员。

(2)可以使用合同销售人员,按其销售额付给佣金。

2.人员销售的特点

与广告、销售促进等促销方式相比,人员销售有其特有的优势:

(1)亲切感强。推销人员深深知道,满足顾客需要是保证销售达成的关键。因此,推销人员总愿意在许多方面为顾客提供服务,帮助他们解决问题。因此,推销人员通过同顾客面对面交流,消除疑惑,加强沟通。同时,双方在交流过程中可能建立起信任和友谊关系。

(2)说服力强。推销人员通过现场示范,介绍商品功能,回答顾客问题,可以立即获知顾客的反应,并据此适时调整自己的推销策略和方法,容易使顾客信服。

(3)针对性强。广告所面对的范围广泛,其中有相当部分根本不可能成为企业的顾客。而人员推销总是带有一定的倾向性访问顾客,目标明确,往往可以直达顾客。因而,无效劳动较少。

(4)竞争性强。各个推销人员之间很容易产生竞争,在一定物质利益机制驱动下,会促使这一工作做得更好。尽管人员推销有上述优点,但并不意味着在所有的场合都适合采用这一方式。人员推销成本费用较高,在市场范围广泛,而买主又较分散的状态下,显然不宜采用此方法;相反,市场密集度高,买主集中(如有些生产资料市场),人员销售则可扮演重要角色。由于人员销售可以提供较详细的资料,还可以配合顾客需求情况,提供其他服务,所以它最适于推销那些技术性较强的产品或新产品;而一般标准化产品则不必利用人员销售,以免增加不必要的支出。

二、广告促销

广告主以促销为目的,付出一定的费用,通过特定的媒体传播商品或劳务等有关经济信息的大众传播活动。

公益广告是不是以促销为目的的;商业广告是以促销为目的的。

广告是以广大消费者为广告对象的大众传播活动;广告以传播商品或劳务等有关经济信息为其内容;广告是通过特定的媒体来实现的,并且广告主要对使用的媒体支付一定的费用;广告的目的是为了促进商品销售,进而获得较好的经济效益。

1.根据广告的内容和目的划分

(1)商品广告:它是针对商品销售开展的大众传播活动。

开拓性广告(报道性广告):以激发顾客对产品的初始需求为目标,主要介绍刚刚进入投入期的产品的用途、性能、质量、价格等有关情况,以促使新产品进入目标市场。

劝告性广告(竞争性广告):以激发顾客对产品产生兴趣,增进"选择性需求"为目标,对进入成长期和成熟前期的产品所做的各种传播活动。

提醒性广告(备忘性广告):对已进入成熟后期或衰退期的产品进行的广告宣传,目的是在于提醒顾客,使其产生"惯性"需求。

(2)企业广告(商誉广告):着重宣传、介绍企业名称、企业精神、企业概况(包括厂史、生产能力、服务项目等情况)等有关企业信息,其目的是提高企业的声望、名誉和形象。

(3)公益广告:是用来宣传公益事业或公共道德的广告,它的出现是广告观念的一次革命。它能够实现企业自身目标与社会目标的融合,有利于树立并强化企业形象。

2.根据广告传播的区域划分

(1)全国性广告:指采用信息传播能覆盖全国的媒体所做的广告,以此激发全国消费者对所广告的产品产生需求。在全国发行的报纸、杂志以及广播、电视等媒体上所做的广告,均属全国性广告。这种广告要求广告产品是适合全国通用的产品。

（2）地区性广告：指采用信息传播只能覆盖一定区域的媒体所作的广告，借以刺激某些特定地区消费者对产品的需求。在省、县报纸、杂志、广播、电视上所做的广告，均属此类；路牌、霓虹灯上的广告也属地区性广告。地区性广告传播范围小，适合于生产规模小、产品通用弱的企业和产品进行广告宣传。

三、营业推广

营业推广（Sales Promotion），又称销售促进，是指企业运用各种短期诱因鼓励消费者和中间商购买、经销或代理企业产品和服务的促销活动。

人员推销、广告和公关都是常规性的促销方式。而多数营业推广方式则是非正规性和非经常性的，只能是它们的补充方式。即营业推广不能单独使用，要配合其他促销方式使用。

（1）营业推广是非常规、非经常性的行为。与人员推销、广告等经常性促销手段相比，销售促进不能经常使用，适合于在一定时期、一定任务的短期性的促销活动中使用。

（2）适合营业推广的品种有限。在大多数情况下，品牌声誉不高的产品采用销售促进的较多，而名牌产品则主要依靠品牌形象取胜，过多地使用销售促进可能降低其品牌声誉。同时，销售促进实质上表现为经济利益的让渡，所以对于价格弹性较大的产品比较适用；而价格弹性小，品质要求高的产品不宜过多使用销售促进手段。

（3）营业推广手段多样。销售促进依据对象不同，可以分为三种类型，即：面向消费者销售促进、面向中间商销售促进、面向本企业推销员销售促进。这三种类型的销售促进都有一系列方式（见表7.1）。

表 7.1　常用的销售促进方式

销售促进对象	销售促进方式
消费者	赠送样品、有奖销售、现场示范、廉价包装、免费品尝、折价券、展销会
中间商	销售津贴、列名广告、赠品、销售竞赛、招待会、培训、展销
企业内推销员	奖金、推销会议、推销竞赛、旅游

面向本企业推销员销售促进的面较窄，同时它又可以看作企业内部管理的范畴，所以销售促进主要指前两种类型。

（4）短期效应明显。人员推销和广告一般需要一个较长周期才能显示出效应，而销售促进只要选择得当，其效益能很快地体现出来。

经过国内外企业的多年营销实践，以下一些销售促进的形式是富有实效的。

1. 对中间商的销售促进

对中间商的销售促进，目的是吸引他们经营本企业产品，维持较高水平的存货，抵制竞争对手的促销影响，获得他们更多的合作和支持。

其主要销售促进方式有：

（1）销售津贴。销售津贴也称销售回扣，这是最具代表性的销售促进方式。这是为了感谢中间商而给予的一种津贴，如广告津贴、展销津贴、陈列津贴、宣传津贴等。

（2）列名广告。企业在广告中列出经销商的名称和地址，告知消费者前去购买，提高经销商的知名度。

（3）赠品。赠品包括赠送有关设备和广告赠品。前者是向中间商赠送陈列商品、销售商品、储存商品或计量商品所需要的设备，如货柜、冰柜、容器、电子秤等。后者是一些日常办公用品和日常生活用品，上面都印有企业的品牌或标志。

（4）销售竞赛。这是为了推动中间商努力完成推销任务的一种促销方式，获胜者可以获得现金或实物奖励。销售竞赛应事先向所有参加者公布获奖条件、获奖内容。这一方式可以极大地提高中间商的推销热情。像获胜者的海外旅游奖励等已被越来越多的企业所采用。

（5）业务会议和展销会。企业一年举行几次业务会议或展销会，邀请中间商参加，在会上，一方面介绍商品知识，另一方面现场演示操作。

2. 对消费者销售促进

对消费者的销售促进，是为了鼓励老顾客继续购买、使用本企业产品，激发新顾客试用本企业产品。其主要方式有：

（1）赠送样品。企业免费向消费者赠送商品的样品，促使消费者了解商品的性能与特点。样品赠送的方式可以派人上门赠送，也可以通过邮局寄送，可以在购物场所散发，也可以附在其他商品上赠送等。这一方法多用于新产品促销。

（2）有奖销售。这是通过给予购买者以一定奖项的办法来促进购买。奖项可以是实物，也可以是现金。常见的有幸运抽奖，顾客只要购买一定量的产品，即可得到一个抽奖机会，多买多奖。或当场摸奖，或规定日期开奖。也可以采取附赠方式，即对每位购买者另赠纪念品。

（3）现场示范。利用销售现场进行商品的操作表演，突出商品的优点，显示和证实产品的性能和质量，刺激消费者的购买欲望。这是属于动态展示，效果往往优于静态展示。现场示范特别适合新产品推出，也适用于使用起来比较复杂的商品。

（4）廉价包装。在产品质量不变的前提下，使用简单、廉价的包装，而售价则有一定削减，这是很受长期使用本产品的消费者欢迎的。

（5）折价券。这是可以以低于商品标价购买商品的一种凭证，也可以称为优惠券、折扣券。消费者凭此券可以获得购买商品的价格优惠。折价券可以邮寄、附在其他商品中，或在广告中附送。

四、公共关系促销

公共关系指企业在从事市场营销活动中，正确处理企业与社会公众的关系，以便树立企业的良好形象，从而促进产品销售的一种活动。

企业公共关系具有以下特征：

（1）公共关系是一定社会组织与其相关的社会公众之间的相互关系。

（2）公共关系的目标是为企业广结良缘，在社会公众中创造良好的企业形象和社会声誉。

（3）公共关系的活动以真诚合作、平等互利、共同发展为基本原则。

（4）公共关系是一种信息沟通，是创造"人和"的艺术。

（5）公共关系是一种长期活动。

公共关系是一门"内求团结，外求发展"的经营管理艺术，是一项与企业生存发展休戚相关的事业。

1. 搜集信息，监测环境

产品形象信息：指消费者对本企业产品的各种反应与评价。

企业形象信息：公众对企业组织机构的评价；公众对企业经营管理水平的评价；公众对企业人员素质的评价；公众对企业服务质量的评价。

企业内部公众的信息。

其他信息：有关社会经济的信息、投资者的投资意向、竞争者的动态、顾客的需求变化以及国内外政治、经济、文化、科技等方面的重大变化。

2. 咨询建议，决策参考

这一职能是利用所搜集到的各种信息，进行综合分析，考查企业的决策和行为在公众中产生的效应及影响程度，预测企业决策和行为与公众可能意向之间的吻合程度，并及时、准确地向企业的决策者进行咨询，提出合理而可行的建议。

3. 舆论宣传，创造气氛

这是指公共关系作为企业的"喉舌"，将企业的有关信息及时、准确、有效地传送给特定的公众对象，为企业树立良好形象创造良好的舆论气氛。

4. 交往沟通，协调关系

企业是一个开放系统，不仅内部各要素需要相互联系、相互作用，而且需要与系统外部环境进行各种交往、沟通。交往沟通是公关的基础，任何公共关系的建立、维护与发展都依赖于主客体的交往沟通。协调关系，不仅要协调企业与外界的关系，还要协调企业内部关系，增强凝聚力。

5. 教育引导，社会服务

这是指通过广泛、细致、耐心的劝服性教育和优惠性、赞助性服务，来诱导公众对企业产生好感。对企业内部，向成员输入公关意识，诱发企业内部各部门及全体成员都重视企业整体形象和声誉。对外部，通过劝服性教育和实惠性社会服务，使社会公众对企业的行为、产品等产生认同和接受。

■工作任务二　广告促销策略

项目1:方便面广告促销策略

一、方便面广告公信度调查

广告公信度调查表
（请在所选项目的下面打钩）

1.你对目前方便面商业广告的总体评价是

很信任	较信任	一般	较不信任	很不信任

2.你认为方便面广告存在虚假宣传问题吗？如果有,请指出:

(1)＿＿＿＿＿＿＿＿＿＿＿＿＿＿＿

(2)＿＿＿＿＿＿＿＿＿＿＿＿＿＿＿

(3)＿＿＿＿＿＿＿＿＿＿＿＿＿＿＿

(4)＿＿＿＿＿＿＿＿＿＿＿＿＿＿＿

二、方便面广告媒体调研

1.目前方便面广告选择的媒体有（请在所选项前打钩）

电视	广播	报纸	杂志	网络	小广告	其他

2.请对各种方便面广告媒体的特点做出分析。

三、方便面广告效果评价

1.请对以下的方便面广告词做出评价。评价应包括总体评价（很好、较好、好、一般、差五个等级）、具体评价（好在哪里？不好在哪里？）

- 清爽不油腻的食品！山西清爽牌袋袋凉面
- 吃过来咻！咻的声音像风铃！甘肃风铃牌袋干
- 家家爱富豪,富豪爱家家！山东富豪牌方便面
- 华龙面,天天见——华龙面
- 康师傅方便面,好吃看得见——康师傅方便面
- 一袋"古松"一袋情,丝丝真情系"古松"——古松牌三鲜伊面
- 隆重上市,面面都好——隆都面

- 方便自如！鲜咸合一！拿波里通心面
- 食华丰,路路通，华丰牌方便面
- 福气多多,满意多多——福满多方便面
- 拒绝油炸、留住健康——五谷道场方便面
- 有创意才够味——统一方便面
- 弹得好,弹得妙,弹得味道呱呱叫——今麦郎方便面

2.请对教学资源库中的 5 个方便面广告的效果做出分析。

项目 2:啤酒广告促销策略

一、啤酒广告公信度调查

广告公信度调查表
（请在所选项目的下面打钩）

1.你对目前啤酒商业广告的总体评价是

很信任	较信任	一般	较不信任	很不信任

2.你认为啤酒广告存在虚假宣传问题有吗？ 如果有,请指出：

(1)＿＿＿＿＿＿＿＿＿＿

(2)＿＿＿＿＿＿＿＿＿＿

(3)＿＿＿＿＿＿＿＿＿＿

(4)＿＿＿＿＿＿＿＿＿＿

二、啤酒广告媒体调研

1.目前啤酒广告选择的媒体有(请在所选项前打钩)

电视	广播	报纸	杂志	网络	小广告	其他

2.请对各种啤酒广告媒体的特点做出分析。

三、啤酒广告效果评价

1.请对以下的方便面广告词做出评价。评价应包括总体评价(很好、较好、好、一般、差五个等级)、具体评价(好在哪里？ 不好在哪里？)

- 不搏不精彩——徐根宝为"力波"啤酒代言
- 喝贝克,听自己的——贝克啤酒
- 皇者风范——百威啤酒
- 黄河啤酒,让我们共度好时光——黄河啤酒

- 激情无处不在——青岛啤酒
- 嘉士伯,可能是世界上最好的啤酒——嘉士伯啤酒
- 金川啤酒,天下第一保健啤酒——金川啤酒
- 崂特啤酒,品味真实自然——崂特啤酒
- 力波啤酒,的确与众不同——力波啤酒
- 美妙口味不可言传——米勒牌淡啤酒
- 啤酒中的茅台——茅台啤酒
- 天长地久——蓝带啤酒
- 喜立滋啤酒是经过蒸汽消毒的!——喜立滋啤酒
- 享受激情的释放——雪花啤酒
- 燕京啤酒,清爽怡人——燕京啤酒
- 银城王大啤酒,好久的缘分——银城王大啤酒
- 钟楼入口,好字出口,钟楼啤酒——钟楼啤酒

2.请对教学资源库中的5个啤酒广告的效果做出分析

项目3:房地产广告促销策略

一、房地产广告公信度调查

广告公信度调查表

(请在所选项目的下面打钩)

1.你对目前房地产商业广告的总体评价是

很信任	较信任	一般	较不信任	很不信任

2.你认为房地产广告存在虚假宣传问题有吗?如果有,请指出:

(1)_____

(2)_____

(3)_____

(4)_____

二、房地产广告媒体调研

1.目前房地产广告选择的媒体有(请在所选项前打钩)

电视	广播	报纸	杂志	网络	小广告	其他

2.请对各种房地产广告媒体的特点做出分析。

三、房地产广告效果评价

1.请对教学资源库中的房地产广告词做出评价。评价应包括总体评价（很好、较好、好、一般、差五个等级）、具体评价（好在哪里？不好在哪里？）

2.请对教学资源库中的5个房地产广告的效果做出分析

教师讲解

广告策略

企业的广告策略，包括确定广告目标、广告预算、选择广告媒体、广告效果评价等内容。对每一个内容的管理，都必须将其置于总系统中去把握。

一、广告目标/任务

一个企业要实施广告决策，首先要确定广告活动的具体目标。没有具体有效的广告目标，企业就不可能对广告活动进行有效的决策、指导和监督，也无法对广告活动效果进行评价。广告的目标的确定要取决于企业产品和市场定位的情况。最基本的目标是达到促销，但是不要忽略市场定位和产品定位。

确定广告的目标，应注意以下原则：

1.广告的目标要易于测定

1961年美国广告学家罗素·赫·科利撰写了"制定广告目标以测定广告效果"的论文，提出了一条切实可行的广告目标确定方法，即从可以衡量的广告效果出发，拟定某个特定时间序列的广告目标，然后将广告效果测定结果同广告目标加以对比。

科利理论的最重要的主题是，有效的广告目标是既明确又能测定的。测定广告效果的关键，也在于如何界定明确的广告目标。一般来讲，抽象的目标只能反映出目标的性质和方向，但缺乏操作性，难以实施。为此，目标要尽可能具体。

2.广告目标要服从企业营销总目标

广告作为企业营销工作的一部分，必须有助于企业营销目标的实现，而不能脱离营销工作的方向，甚至在进度、步骤等方面也必须服从整体工作的进程。

3.广告目标的确定要获得有关部门同意

为了减少企业内部不必要的干扰，更为了协调计划、财务、营销等部门关系，争取各方面的理解和支持，企业营销部门在制定广告目标时应征求多方面意见，获得他们的同意。

广告目标类型：

1. 产品销售额目标

在某些情况下，企业可以根据产品的销售情况来确定广告目标。但这种方式的采用必须建立在广告是促进产品销售增加的唯一因素或者至少是最主要因素的基础上。因此，以产品销售额作为广告目标往往只适合少数产品，对于大多数以普通方式销售的商品，这种方式并不适用。

2. 创造品牌目标

这类广告目标在于开发新产品和开拓新市场，它通过对产品的性能、特点和用途的宣传介绍，提高消费者对产品的认识程度。这类广告目标的具体内容有：向市场告知有关新产品情况；通知市场有关价格的变化情况；说明新产品如何使用；描述所提供的各种服务；纠正错误的印象；树立公司形象。

3. 保牌广告目标

其目的在于巩固已有的产品市场，深入开发潜在市场和刺激购买需求，提高产品的市场占有率。主要方式是通过连续广告，加深消费者对已有商品的认识和印象，使显在消费者养成消费习惯，使潜在消费者发生兴趣，并促成其购买行为。广告的诉求重点是保持消费者对广告产品的好感、偏爱，增强其信心。这类广告的具体内容有：建立品牌偏好；改变顾客对产品属性的知觉；保持最高的知名度。

4. 竞争性广告目标

其目的在于加强产品的宣传竞争，提高产品的市场竞争能力。广告的诉求重点是宣传本产品比之其他品牌产品的优异之处，使消费者认识到本产品的好处，以增强他们对广告的偏爱，指名购买，并争取使偏好其他产品的消费者转变偏好，转而购买本企业产品。

二、广告预算/金钱

促销经费是有限的，预算的决策有很多的方法，一般都是用销售额比例法，企业的广告预算主要是以企业的销售额作为基准，加一定的百分比。企业确定广告预算的主要方法有以下几种：

1. 销售百分比法

这是以一定期限内的销售额的一定比率计算出广告费总额。由于执行的标准不一，又可细分为计划销售额百分比法、上年销售额百分比法和两者的综合折中百分比法，以及计划销售增加额百分比法四种。

这种办法的优点是：

（1）暗示广告费用将随着企业所能提供的资金量的大小而变化，促使管理人员认识到费用支出的真正来源。

（2）可以促使企业管理人员根据单位广告成本、产品售价和销售利润之间的关系去考虑企业的经营管理问题。

（3）计算方法简单。

这种方法的缺点是：

(1)把销售收入当成了广告支出的"因"而不是"果"，造成了因果倒置。

(2)由于广告预算随每年的销售波动而增减，从而与广告长期方案相抵触。

(3)这一办法取决于可用资金的多少，而不是市场机会的发现和利用，因而可能会失去一些有利的市场机会。

(4)不是根据不同的产品或不同的地区确定不同的广告预算，而是所有的广告均按同一比率分配预算，造成不合理的平均主义。

2.利润百分率法

这种方法在计算上较简便，同时，使广告费和利润直接挂钩，适合于不同产品间的广告费分配。但是，这一方法对新上市产品显然不适合，新产品上市需要做大量广告，广告开支比例自然就大。

3.目标任务法

这是根据企业的战略目标确定广告目标，决定为达到这种目标而必须执行的工作任务，然后估算完成这些任务所需要的广告预算。这一方法较科学，尤其对新产品发动强力推销是很有益处的。这一方法可以灵活地根据市场营销的变化（如广告阶段不同、环境变化等）来调整费用。同时，也较易于检查广告效果。目标任务法的缺点是没有从成本的观点出发来考虑某一广告目标是否值得追求。因此，如果企业能够先按成本来估计各目标的贡献额，然后再选择最有利的目标付诸实现，则效果更佳。

4.量力而行法

这种方法为不少企业所采用。即企业确定广告预算的依据是他们所能拿得出的资金数额，企业根据其财力情况来决定广告开支。当然，这一方法也有一定的片面性，因为广告是企业的一种促销手段，其目的是为了促进销售；当广告费投入不到位时，有可能影响目标的实现。

三、选择广告媒体/媒体

广告媒体的作用在于把产品的信息有效地传递到目标市场。广告的效用不仅与广告信息有关，也与广告主所选用的广告媒体有关。事实上，要使人们对某项产品产生好感，这样的职责是由广告信息、广告信息的表现方式（广告作品）和适当的广告媒体共同承担的。同时，在广告宣传中，所运用的广告媒介不同，广告费用、广告设计、广告策略、广告效果等内容都是不同的。因此，在广告活动中要认真选择广告媒体。

1.媒体调查

媒体调查是为了掌握各个广告媒体单位的经营状况和工作效能，以便根据广告目标来选择媒体。

(1)报刊媒体调查。报刊媒体调查的内容有：

①发行量。报刊的发行量越大，广告的接触传播面越广，同时，广告费用也相对降低。

②发行区域分布。主要调查报刊发行区内各细分区域内的报刊发行比例,其目的在于了解报刊在各地区的接触传播效果。

③读者层构成。包括年龄、性别、职业、收入和文化程度等的不同构成情况。

④发行周期。发行周期指报刊发行日期的间隔期,如日报、双日报、周刊、旬刊、月刊等。

⑤信誉。主要指该报刊在当地所享有的权威性以及社会大众对其信任程度等。

(2)广播电视媒体调查。

①传播区域。广播电视播送所达到的地区范围以及其覆盖范围。

②视听率。在覆盖范围内收听收视的人数或户数,一般用社会所拥有的电视机和收音机量来匡算。

③视听者层。主要是根据人口统计情况和电视机、收音机拥有情况,匡算出有关视听者层的分布和构成。

(3)其他媒介调查。其他广告媒介调查包括交通广告、路牌、霓虹灯广告等,主要通过调查交通人流量、乘客人员来匡算测定,邮寄广告则通过发信名单进行抽查即可。

2.媒体选择

企业在选择媒体时要考虑如下因素:

(1)目标顾客的媒体习惯。人们在接受信息时,一般是根据自己的需要和喜好来选择媒体。比如,教育程度高的人,接受信息的来源往往偏重于因特网和印刷媒体;老年人则有更多的闲暇时间用于看电视和听广播;在校大学生偏爱上网和听广播。分析目标顾客的媒体习惯,能够更有针对性地选择广告媒体,提高广告效果。

(2)媒体特点。不同媒体的市场覆盖面、市场反应程度、可信性等均有不同的特点,具体见表7.2。

表 7.2　不同媒体的具体特点

媒体种类	覆盖面	反应程度	可信性	寿命	保存价值	信息量	制作费用	吸引力
报纸	广	好、快	好	较短	较好	大而全	较低	一般
杂志	较窄	差、慢	好	长	好	大而全	较低	好
广播	广	好、快	较好	很短	差	较小	低廉	较差
电视	广	好、快	好	很短	差	较小	很高	好
邮政	很窄	较慢	较差	较长	较好	大而全	高	一般
户外	较窄	较快	较差	较长	较好	较小	低	较好
因特网	广	较快	较好	短	差	一般	高	一般

(3)产品特性。不同性质的产品,有不同的使用价值、使用范围和宣传要求,在展示形象时也对媒体有不同要求,如性能较为复杂的技术产品,需要一定的文字说明,较适合印刷媒体,面向专业人员,多选用专业性杂志;而对一般生活用品,则适合选用能直接传播到大众的广告媒体,如广播、电视等,服装之类产品,最好通过有

色彩的媒体做广告,如电视、杂志等。

(4)媒体费用。不同媒体所需成本也是媒体选择所必须考虑的因素之一。考虑媒体费用不能仅仅分析绝对费用,如电视媒体的费用大,报纸媒体的费用低等,更要研究相对费用,即沟通对象的人数构成与费用之间的相对关系。

四、广告设计的原则

(1)真实性。广告的生命在于真实。一方面,广告的内容要真实(语言文字、画面、艺术手法得当);另一方面,广告主与广告商品也必须是真实的。如果广告主根本不生产或经营广告中宣传的商品,甚至连广告主也是虚构的单位,那么广告肯定是不真实的。企业依据真实性原则设计广告,这也是一种商业道德和社会责任。

(2)社会性。广告是一种信息传递。在传播经济信息同时,也传播了一定的思想意识,必然会潜移默化地影响社会文化、社会风气。广告不仅是一种促销形式,而且是一种具有鲜明思想性的社会意识形态。

(3)针对性。广告的内容和形式要富有针对性,即对不同的商品、不同的目标市场要有不同的内容,采取不同的表现手法。实际上是广告定位的内容。

(4)艺术性。广告是一门科学,也是一门艺术。广告把真实性、思想性、针对性寓于艺术性之中。要求广告设计者要构思新颖,语言生动、有趣、诙谐,图案美观大方,色彩鲜艳和谐,广告形式要不断创新。

■工作任务三　营业推广活动

项目1:方便面营业推广活动

南街村牌方便面在杭州市场上的知名度并不太高。为了扩大品牌在杭州市场上的知名度,公司准备在下沙高教园区组织一次营业通过推广活动。其基本要求是:1.能够进入各个零售店进行销售;2.活动后一个月内销售量达到10万包。请你设计一个营业推广方案。主要内容应包括目标、对象、规模和水平、推广媒介和手段、时间安排、预算。

项目2:啤酒营业推广活动

（2个项目任选1）

一、雪花啤酒浙江公司准备在杭州下沙高教园区组织一次营业推广活动。其基本要求是活动结束后一个月,在该园区的雪花啤酒销售量增长20％。请你设计一个营业推广方案。主要内容应包括目标、对象、规模和水平、推广媒介和手段、时间安排、预算。

二、哈尔滨啤酒在杭州市场上销售量不大,消费者不太熟悉。公司准备在杭州的居民小区进行营业推广活动。其基本要求是:活动结束后,杭州市消费者对哈尔滨啤酒的认知度达到50％,认可度达到30％。愿意购买者达到20％。请你设计一个营业推广方案。主要内容应包括目标、对象、规模和水平、推广媒介和手段、时间安排、预算。

▋教师讲解

营业推广设计

（1）确定推广目标。营业推广目标的确定,就是要明确推广的对象是谁,要达到的目的是什么。只有知道推广的对象是谁,才能有针对性地制定具体的推广方案,例如:是为达到培育忠诚度的目的,还是鼓励大批量购买为目的。

（2）选择推广工具。营业推广的方式方法很多,但如果使用不当,则适得其反。因此,选择合适的推广工具是取得营业推广效果的关键因素。企业一般要根据目标对象的接受习惯和产品特点,目标市场状况等来综合分析选择推广工具。

（3）推广的配合安排。营业推广要与营销沟通其他方式如广告、人员销售等整合起来,相互配合,共同使用,从而形成营销推广期间的更大声势,取得单项推广活动达不到的效果。

（4）确定推广时机。营业推广的市场时机选择很重要，如季节性产品、节日、礼仪产品，必须在季前节前做营业推广，否则就会错过了时机。

（5）确定推广期限。即营业推广活动持续时间的长短。推广期限要恰当，过长，消费者新鲜感丧失，产生不信任感；过短，一些消费者还来不及接受营业推广的实惠。

■工作任务四　企业促销方案解读与编制

高职学生毕业后，初次就业岗位大多数为终端促销岗位。其基本任务是：根据企业总体营销策略，实施对产品的区域性促销。编制促销申请报告是他们的基本工作任务之一。本工作任务提供了雪花啤酒实际使用的 2 个促销申请报告模板。先由教师对模板进行解读，然后由学生进行填写。建议聘请企业人员进行指导。

■模板一

雪花啤酒促销（政策）申请报告

申报人：_____　大区：_____　办事处：_____　最小预算区域：_____

● 政策类型

一、费用针对的品牌/品种：

_____品牌_____品种，包装规格：_____生产公司：_____

二、费用使用的目标对象：

三、市场背景简述

1.竞争分析

● 价格体系　　　　　　　　　　　　　　　　　　　单位：元/箱

市场细分	产品	市场铺货率	市场份额	到位价	调拨价	进店价	零售价（元/瓶）		备　注
							现饮	非现饮	

● 近期市场促销情况　　　　　　　　　　　　　　　　单位:元/箱

市场细分	产品	促销与返利						一级留利	二级留利	备注
		经销商		终端		消费者				
		方式	额度	方式	额度	方式	额度			

● 近期销量走势

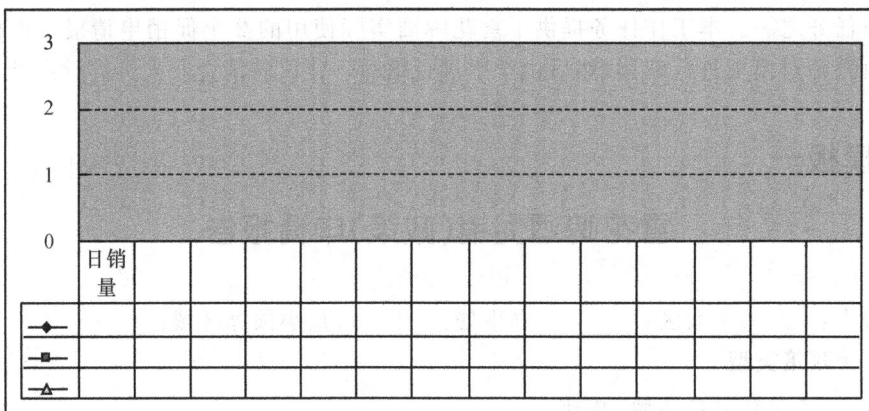

2.问题或机会

四、方案内容

1.目的:

2.目标:

衡量项目	目标指标	预计未调整促销指标	阶段性目标			备注
			月　日—月　日	月　日—月　日	月　日—月　日	
销量						
铺货率						
占有率						

3.促销方式

单位:元/箱

促销对象	本次申请的促销			调整前的促销(或上一阶段促销)			
	促销方式	额度	促销时间	原促销方式	额度	促销时间	促销效果

4.兑现方式(或执行方式)

5.方案执行控制要点

6.方案执行所需职能部门支持要点

项 目	时间要求	支持要点	支持部门	具体联系人

五、费用测算

项 目	费用类型	费用细项	单箱费用测算方法	单箱费用(元/箱)	千升酒费用(元/kL)	预计销量(箱)	费用总额(元)
本 案							
已有促销政策							
合 计							

模板二

雪花啤酒终端阶段性促销申请报告

注:每一个报告都可以且都需要取一个最简要的名称

(模版填写说明)

申报人:_____大区:_____办事处:_____预算最小区域:_____

- 政策类型:①阶段性促销 ②渠道维护 ③长期折让

六、费用针对的品牌/品种:

_____品牌_____品种,包装规格:_____生产公司:_____

七、费用使用的目标对象:①一级客户　②二级客户　③三级客户

八、市场背景简述

1.竞争分析

●体格体系　　　　　　　　　　　　　　　　　　　　单位:元/箱

市场细分	产品	市场铺货率	市场份额	到位价	调拨价	进店价	零售价(元/瓶)		备注
							现饮	非现饮	
主流酒 (或高价 主流低价)	我公司 产品								
	竞品1								
	竞品2								

●近期促销情况　　　　　　　　　　　　　　　　　　单位:元/箱

市场细分	产品	促销与返利						经销商留利	终端留利	备注
		经销商		终端		消费者				
		方式	额度	方式	额度	方式	额度			
主流酒 (或高价)	我公司产品									
	竞品1									
	竞品2									

简述竞品近期动态,以及对我们的影响。

说明:

对留利水平的测算口径:直接搭酒的按进货价测算。

需说明数据来源和数据反映的时段。

●近期销量走势

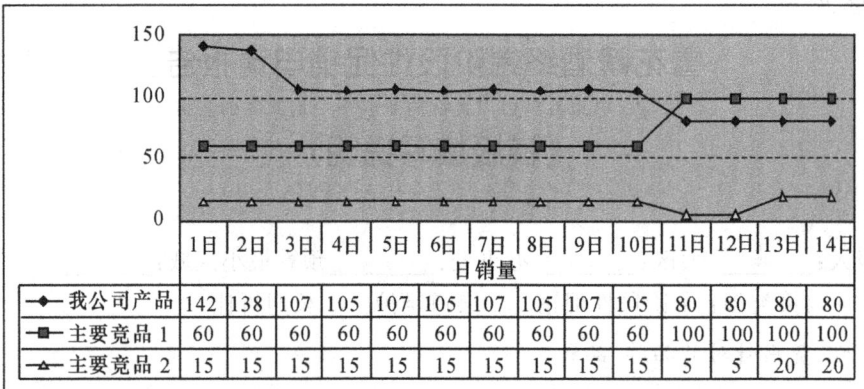

日销量	1日	2日	3日	4日	5日	6日	7日	8日	9日	10日	11日	12日	13日	14日
我公司产品	142	138	107	105	107	105	107	105	107	105	80	80	80	80
主要竞品1	60	60	60	60	60	60	60	60	60	60	100	100	100	100
主要竞品2	15	15	15	15	15	15	15	15	15	15	5	5	20	20

说明：

绘制近期(5～15天)销量走势图,并对销量变化原因进行分析(如天气影响、我公司产品挤库影响、竞品促销影响等等)

(1)本品的日销量趋势和本大区总的日销量趋势必须作分析(用大区的总量作对比相对可减少天气因素的影响)

(2)各办事处对各县市至少要长期的监控一部分单店(比如50家,分到各个业务员头上,比如每个业务员管到5～10家),然后定期记录(每天都走访到并记录数据如有难度可二天一次),这些单店中我品与竞品的占有率变化(可用数瓶法也可用询问销量法,但方法必须统一)。单店占有率变化趋势也可相对看出销量走势(有可能由于选店和业务员责任心误差会比较大,但至少是一个判断依据)。

2.问题或机会

说明：

简述当前存在的问题(或机会),以及解决方法(或拟采取的措施)

九、方案内容

1.目的：

2.目标：【销量、市场铺货率、市场占有率等指标需要量化,按照时间进度分阶段阐述(挤库单列为一阶段),如果方案跨月份,目标分解至每月】

衡量项目	目标指标	预计未调整促销指标	阶段性目标			备注
			月 日—月 日	月 日—月 日	月 日—月 日	
销量						
铺货量						
占有率						

3.促销方式：

单位:元/箱

促销对象	调整后的促销			调整前的促销(或上一阶段促销)			
	现促销方式	额度	促销时间	原促销方式	额度	促销时间	促销效果
一级客户							
二级客户							
三级客户							

说明:如与客户共同促销需明确公司承担费用比例及额度;

促销效果中简述上期促销达到的效果(如目标两率达成及提升情况、渠道的配合及库存情况等等)。

4.兑现方式(或执行方式)

☆ 明确是否随量折价(或折扣)、还是客户垫支(需明确兑现时间及额度);

☆ 随量折价(或折扣)需明确公司开票系统如何设置。

如直接无条件折扣、折价、保证金等(涉及折价及保证金政策需附自提客户保证金金额及开票价）。

5.方案执行控制要点

简述办事处对该促销方式的具体操作方法及控制：如铺货率的监控、优惠券的操作流程，控制经销商吃库的办法和要点等等。

6.方案执行所需职能部门支持要点

项目	时间要求	支持要点	支持部门	具体联系人
例：POP制作	10月20日前	例：1.POP相关内容（注明相关奖项要求）；2.制作数量等等	市场部	×××
例：政策调整设置	10月20日	例：对相关客户进行开票价格（或促销折让）设置	运营部	×××
例：配送及产量配置	10月28日	例：28日—31日经销商开始挤库	运营部	×××
……	……	……	销售财务部	×××
例：消费者促销调整	10月20日	例：对××产品20—31日期间消费者促销调整到30%五角	销发部	×××
……	……	……	行政人事部	×××

十、费用测算

项目	费用类型	费用细项	单箱费用测算方法	单箱费用（元/箱）	千升费用（元/KL）	预计销量（箱）	费用总额（元）
本案	阶段性促销	无条件折扣	费用测算过程和方法说明				
延续前期政策	无	无	无	无	无	无	无
合计							

说明：

a)明确本案的费用总额、单箱费用、千升费用；本案执行期间，需要延续的相关前期政策也需明确。

b)费用类型指(1)折扣(特指固定折扣)、(2)分销、(3)阶段性促销、(4)特殊资源费用、(5)广告品费用、(6)渠道维护费用、(7)市场推广、(8)销售日常费用；费用细项为费用类型下面的具体项目(参照2008年预算表)。

雪花啤酒的促销方案

华润
与您携手 改变生活

文件编号：　　　　　　　　号　日期：2008 年 11 月 20 日　总页数：

收件人：	行政部	领导签批：
拟稿人/部门：	虞利强/市场策划部	
核稿人：	叶冰	
签发人：		

2009 年"雪花兆丰年"贺岁活动立项方案

一、活动目的

1.巩固 2007、2008 年"雪花兆丰年"的传播效果，将新年喝雪花转化成全省各地的年俗；

2.营造淡季不淡、热闹、喜庆的节日范围，增强雪花在消费者心中的美好、正向联想；

3.提升产品的价值感，放大产品的促销效果。

二、推广策略

1."雪花兆丰年"以线上推广和地面推广相结合，增加与消费者近距离的接触频率；

2.围绕"雪花兆丰年"展开多角度、多方面、多层次的立体攻势；

3.利用适当时机，强化现代通路、城乡结合部作为传播平台的作用；

4.传播重点不再仅限于浙北市场，对 2009 年规划的重点市场有所倾斜，特别是浙东市场；

5.利用较为集中的节日频率，加强精制酒的推广，特别是 KA 和夜场的推广；

6.以贺岁推广为契机，加强社区的氛围布置，为 2009 年大面积开展的社区活动做铺垫，特别是社区资源的储备；

7.通过与媒体的合作，生动化进入学校、工厂、写字楼等目标群体集中的公众场所，扩大宣传面；

8.通过此项目正式启动终端媒体化推广，对这种新的地面推广方式进行探索。

三、推广区域:浙江全省

四、推广时间:12月15日—2月28日

五、推广主题:雪花兆丰年

六、推广方式

线上传播:

1. 电视

(1)传播主题:雪花兆丰年(以总部贺岁广告片为准)。

(2)广告使用版本:10秒。

(3)投放媒体范围:浙江省台、杭州市台、宁波市台、绍兴市台、台州市台、湖州市台、嘉兴市台。

(4)投放时间:跨越圣诞、元旦、春节、元宵节。

①投放时间:元旦前10天起至农历正月十五,即2008年12月20日—2009年2月10日(50天);

②2009年第一波投放以省级媒体为主,以换取省级媒体2009年推广活动配合资源的支持;

③以省级媒体覆盖杭州市900点计算,以省级媒体覆盖其他城市;累计省级媒体覆盖达到的毛评点,宁波地区达到1700点,绍兴地区达到1500点;其他区域预计达到的点数分布如下:

城市	杭州	绍兴	宁波	温州	台州	湖州	嘉兴	金华
预计规模GRP	2100	1500	2000	275	1000	700	700	781
省级投放GRP	1200	636	347	275	477	593	535	781
市级补强GRP	900	864	1653	0	523	107	165	0
省级点成本	861							
市级点成本	588	291	511	478	285	468	437	118

(5)预计投放频道及费用

省台:浙江教育科技、钱江都市、浙江经视、民生休闲频道 110万元

杭州:新闻综合系、西湖明珠系、生活频道 53万元

绍兴:新闻综合、公关频道 25万元

宁波:新闻综合、社会生活、文化频道 85万元

台州:新闻综合、影视娱乐频道 15万元

湖州:新闻综合、经济频道 5万元

嘉兴:新闻综合、公关频道 7万元

费用总计 300万元

2.报纸

硬广安排：

(1)传播主题:雪花兆丰年

(2)投放时间:1月5日—1月18日

(3)版面规格:半版/四分之一版

(4)利用订报换的媒体,可以用硬广的报多用一些

宣传主题	发布媒体	投放时间	版面	投放频次
雪花兆丰年贺岁系列广告	今日早报	1月5日—1月18日	半版	两次
雪花兆丰年贺岁系列广告	今日早报	1月5日—1月18日	四分之一	一次
雪花兆丰年贺岁系列广告	都市快报	1月5日—1月18日	半版	两次
雪花兆丰年贺岁系列广告	都市快报	1月5日—1月18日	四分之一	一次
雪花兆丰年贺岁系列广告	宁波晚报	1月5日—1月18日	半版	两次
雪花兆丰年贺岁系列广告	宁波日报	1月5日—1月18日	半版	两次
雪花兆丰年贺岁系列广告	东南商报	1月5日—1月18日	半版	两次
雪花兆丰年贺岁系列广告	嘉兴日报	1月5日—1月18日	半版	两次
使用年度合作换酒资源				

软文安排：

(1)传播主题

• 雪花兆丰年

(2)文章切入点

• 从情感营销的专业角度来说明雪花啤酒注重与消费者的沟通

• 从各地年俗的变化转移到新年流行喝雪花

• 从今年冬天经销商、酒店反映啤酒淡季不淡,反映出过年喝雪花成为时尚

• 从 KA 超市听装购买的角度写,啤酒也成为在节假日送礼或者家庭购买的新风尚。

(3)发布规划

• 发布总次数18次(每次600~800字)

• 发布时间段:12月25日—1月18日

• 媒体选择:

省级媒体(每报3次):都市快报、钱江晚报、今日早报

市级报纸(每报2次):绍兴晚报、宁波晚报、南湖晚报、温州都市报、温州晚报、台州晚报

● 具体安排：

宣传主题	内容概要（视具体内容配相应图片）	媒体选择	时间
雪花兆丰年	从情感营销的专业角度来说明雪花啤酒注重与消费者的沟通	都市快报、钱江晚报、今日早报、绍兴晚报、南湖晚报	12月25日—1月18日期间
雪花兆丰年	● 从各地年俗的变化转移到新年流行喝雪花	绍兴晚报、宁波晚报、南湖晚报、温州都市报、温州晚报、台州晚报、都市快报、钱江晚报、今日早报	12月25日—1月18日期间
雪花兆丰年	● 从今年冬天经销商、酒店反映啤酒淡季不淡，反映出过年喝雪花成为时尚	绍兴晚报、宁波晚报、南湖晚报、温州都市报、温州晚报、台州晚报、都市快报、钱江晚报、今日早报	12月25日—1月18日期间
雪花兆丰年	● 从KA超市听装购买的角度写，啤酒也成为在节假日送礼或者家庭购买的新风尚。	绍兴晚报、宁波晚报、南湖晚报、温州都市报、温州晚报、台州晚报、都市快报、钱江晚报、今日早报	12月25日—1月18日期间

当地发稿不少于三篇，以上发稿使用的是年度订报换软文资源。

3.电台贺岁广告

电台:硬广投放

● 投放形式:15秒硬广

● 投放时间:2008年12月25日—2009年2月15日

● 投放媒体:浙江电台音乐调频/浙江经济广播电台（全省覆盖）/杭州交通经济广播（杭州）

● 传播内容:贺岁广告

投放媒介	投放内容	投放时间	投放段位	频次
浙江电台音乐调频	贺岁广告	2008年12月25日—2009年2月15日	动听播报	18次/天
浙江经济广播电台	贺岁广告	2008年12月25日—2009年2月15日	钻石套装＋特惠套装	27次/天
杭州交通经济广播	贺岁广告	2008年12月25日—2009年2月15日	T3套餐	15次/天

预计费用:30万元

4.《华润雪花啤酒园》"雪花兆丰年"增刊

(1)传播主题

● 雪花兆丰年

(2)设计风格

- 喜庆/热烈

（3）具体规划

- 时间安排：2月28日之前

- 印刷数量：10000份

- 版面安排：

版面	内容概要（视具体内容配相应图片）
版面1	"雪花兆丰年"主题活动在各区域的各种表现（雪花兆丰年LOGO）
版面2	阐述雪花兆丰年（消费者的年俗、经销商的生意节奏、专业的营销层面）
版面3	公司内部员工或者经销商一年"丰收"的征稿刊登
版面4	领导及经销商共贺新春（照片/文字/签名）

线下推广：

户外

1.传播主题：雪花兆丰年

2.地点范围及形式：

长效户外

①2009年全省市场将全面进入，重点突破，杭州、宁波、嘉兴更是重中之重，拟在此三地投放大型路牌。

②借助目前对浙江全省范围内高速大牌进行清理整顿的时机以及淡季期间取得一定的谈判议价能力。

③合约签订周期考虑全年，画面内容根据2009年传播主题分阶段更换，第一阶段（12月20日－2月28日）使用贺岁画面。

此费用为长期资源，不计入此次贺岁活动费用中

短效户外

①使用2008年部分预买媒体资源（如杭州书报亭、萧山日报阅报栏等）。

②部分区域已合作性价比相对好的个性化媒体（如宁波平安浙江宣传栏、金华市区电梯海报等）。

③部分区域可利用路牌进行宣传，发布期间（12月20日－2月28日）统一用贺岁画面。

预计费用：10万元。

内部地面传播

（1）传播主题

- 雪花兆丰年

（2）时间安排

- 12月15日－2月28日

（3）地点与范围

- 三个厂区：大门/食堂/开票处/宣传橱窗/停车处

- 庆春发展大厦：大厅/电梯/停车场

● 各大区/办事处/工作站:大厅/电梯/楼道/大门/停车处

(4)生动化布置

● 三个厂区:

①大门/食堂:放置"雪花兆丰年"易拉宝、X 展架、地贴、条幅

②开票处:"雪花兆丰年"指示牌、地贴、易拉宝/X 展架、海报、条幅

③宣传橱窗:"雪花兆丰年"海报

● 庆春发展大厦:

①大厅:易拉宝、X 展架

②停车场:"雪花兆丰年"指示牌

③电梯口:易拉宝/X 展架

● 各大区/办事处:

①办公室入口处、楼道:地贴、海报

②办公室电梯口、大厅:易拉宝/X 展架、海报

③停车处:指示牌、条幅、海报

④办公室门上:福字贴、海报

⑤执行落实

● 三个厂区:由省公司行政部负责

● 庆春发展大厦:由营销中心行政部负责

● 各大区/办事处:由各大区、办事处负责

外部地面传播

产品活化

(1)活化产品

● 商标活化:雪花纯生、冰生、贺岁装(清爽、纯爽)——消化老标

● 纸箱活化:冰生/精制/清爽拉罐

　与新标更换结合进行

(2)活化时间

● 12 月 15 日——2 月 28 日

(3)活化内容

● 雪花兆丰年

地面活动——生动化布置

(1)传播主题

● 雪花兆丰年

(2)时间安排

● 12 月 15 日—2 月 28 日

(3)活动范围

● 浙江区域

(4)生动化布置

●操作思路

①在操作社区生动化时,在社区选择上偏向成熟社区(入住率相对高),避免在操作的过程中选择人气不旺的新社区。

②现代通路的整体包装必须考虑与当地 KA 销售相结合。

③在餐饮店的包装上,不要因为"包装而包装",而是应该站在传播的角度,在选择店面上一定要考虑终端地理位置的优越性。

④2009 年规划的终端媒体化包装借助此活动正式启动,店内工程类及物料类生动化相结合,借助终端店作为展示平台,营造较强的生动化氛围,需选取具备一定规模的终端,如现饮终端,应选择 C 类及以上餐饮店,非现饮应选取便利店/连锁超市等现代渠道,店内原有生动化物品较多,杂乱的终端应放弃。

⑤对于城乡结合部以及大型乡镇:更多的考量是否是我们销售上的重点乡镇,不能只看乡镇的规模,而忽视了销售对传播的"需求"。

⑥2009 年雪花兆丰年活动生动化布置不仅局限于社区,还需向办公写字楼、高校、工厂、合作单位(如经销商办公地点、电视台/报社食堂等等)拓延,辐射面更广,真正将雪花兆丰年活动打造成全方位、全民性活动,逐步形成当地阶段性社会热点。

●成熟社区:

①入口:"雪花兆丰年"条幅、灯笼

②过道:"雪花兆丰年"指示牌、地贴、灯笼、条幅

③家庭:福字贴、灯笼

④商铺:海报、灯笼、福字贴

数量标准:

a.垄断性市场:大型社区 5 个以上,中小型社区 10 个以上

b.成熟市场:大型社区 10 个以上,中小型社区 15 个以上

c.新进入市场:大型社区 10 个以上,中小型社区 15 个以上

●KA/现代通路:

形式:

①入口:"雪花兆丰年"门楼、条幅、灯笼

②过道:"雪花兆丰年"地贴、X 展架、提示牌

③堆头:福字贴、特色堆头

数量标准:

a.垄断性市场:区域铺货 KA 数量的 20% 以上,便利店终端铺货数量的 10% 以上。

b.成熟市场:区域铺货 KA 数量的 30% 以上,便利店终端铺货数量的 20% 以上。

c.新进入市场:区域铺货 KA 数量的 50% 以上,便利店终端铺货数量的 30% 以上。

● 现饮店：

形式：

①入口："雪花兆丰年"条幅、灯笼、海报、X 展架、福字贴

②墙壁："雪花兆丰年"福字贴、海报

③堆头："雪花兆丰年"福字贴、产品展架

④主题菜牌

数量标准：

a. 垄断性市场：C 类以上铺货终端数量的 10％以上

b. 成熟市场：C 类以上铺货终端数量的 20％以上

c. 新进入市场：C 类以上铺货终端数量的 30％以上

● 非现饮店：

①门口："雪花兆丰年"条幅

②墙壁：海报、挂历

③堆头：有纸箱活化产品的终端

数量标准：

a. 垄断性市场：C 类以上铺货终端数量的 20％以上

b. 成熟市场：C 类以上铺货终端数量的 30％以上

c. 新进入市场：C 类以上铺货终端数量的 40％以上

● 夜场：

形式：

①门口：圣诞树一个（树上挂满雪花的小礼品和主题提示牌）

②过道：

a. 欢迎牌和指示牌各三个，放在过道的主要出口处。

b. 过道布置圣诞主题吊牌。

c. 过道放置雪花的异型提示牌。

d. 其他挂旗、瓶模、圣诞小配饰等。

③桌面：配备雪花统一的啤酒杯、烟缸等。

④产品的彩妆布置等。

数量标准：

a. 垄断性市场：辖区内铺货终端的 30％以上

b. 成熟市场：辖区内铺货终端数量的 40％以上

c. 新进入市场：辖区内铺货终端数量的 50％以上

● 城乡结合部/大型乡镇：

①入口："雪花兆丰年"门楼、条幅、灯笼

②道路："雪花兆丰年"指示牌、地贴、灯笼、条幅、围墙

③家庭：福字贴、灯笼、日历单

④小店：海报、灯笼、福字贴

每大区重点乡镇至少需布置 3 个以上

• 合作单位:(如我司经销商办公场所、电视台/报社、娃哈哈水站等等)

(1)经销商办公场所:海报、福字贴、灯笼、日历单

数量:合作经销商总量 95％以上

(2)电视台/报社

①办公场所:福字贴、灯笼、日历单

②食堂:灯笼、海报、X 展架、福字贴、指示牌

数量:杭州合作媒体 50％以上,其他地区根据情况确定,但不得少于 2 家

(3)娃哈哈水站:灯笼、海报、X 展架、福字贴

数量:杭州水站总数 30％以上

• 办公写字楼:

①大门口:灯笼、福字贴

②电梯门:"雪花兆丰年"背景布置

数量标准:

地级市:10 个以上

县级市:5 个以上

• 大学高校:

①便利超市:海报、灯笼、福字贴、条幅

②食堂:海报、X 展架、福字贴、指示牌

③学生宿舍楼:福字贴、灯笼、日历单

数量标准:

杭州:5 家以上

其他有高校地区:1 家以上

• 工厂:

①大门口:海报、灯笼、条幅

②食堂:海报、X 展架、福字贴、指示牌

③宿舍楼:福字贴、灯笼、日历单

数量标准:每大区 5 个以上。

以上生动化布置场所数量为最低标准,各市场办可根据当地实际情况进行选择,但不得低于标准数量,如当地该类场所总量低于最低标准,则以全部覆盖为最低标准。

地面活动——活动推广

(1)活动主题

• 雪花啤酒圣诞狂欢夜(只针对有互动节目的场所)

(2)活动地点

• 浙江区域

(3)活动时间

● 12 月 24 日—12 月 26 日

(4)活动操作思路:详见圣诞节活动方案

节日推广——KA 现代通路产品推广

(1)活动时间

● 12 月 15 日—2 月 28 日

(2)活动地点

● 浙江区域

(3)活动产品

● 建议使用精制、雪花清爽拉罐产品

(4)操作思路

①建议业管部推出统一的节庆促销活动,结合促销活动开发具有节日特点的包装(以 6 听装的为准),打造节庆送啤酒的概念。

②根据促销活动,各区域在超市内做形象地堆,此工作由当地市场办、KA 专员、办事处、执行公司落实。

③结合促销活动的力度,推出团购活动,团购的目标对象主要为:企业客户,同时进行软文活动宣传,宣传的切入点以:以企业年会/员工福利等理由为切入点。

④以当地主流报纸为传播平台,通过报社"团购"、"消费"等栏目和目标群体实现互动。

⑤有关团购产品、促销力度及与报纸的合作方式由市场办确定并形成方案上报。

七、推广费用概算:总计 520 万元

(1)线上投放

①电视:300 万元

②报纸:使用年度合作资源

③电台:30 万元

小计 330 万元。

(2)线下活动

①短效户外:10 万元

②工程类生动化布置:50 万元

③库房领用类生动化:100 万元(含台历挂历 20 万元及贺岁物品 80 万元)

④圣诞节物料:30 万元,小计 190 万元。

注:雪花兆丰年各区域执行方案将由各市场办单独上报。

情境综合项目训练

1.为某一品牌化妆品撰写一份国庆节促销策划方案。

2.为某一品牌保健品撰写一份母亲节促销策划方案。

情境八　综合性营销策划书的编制

　　前面 7 个单元对企业营销活动的各个方面进行了单项训练。在每个单项项目训练中,实际上已经包含了营销策划的内容。如为产品确定一个销售价格,就是一个价格方面的营销策划;为产品设计销售渠道,实际上就是一个销售渠道方案的策划;为企业设计一个促销方案,实际上就是一个促销活动方面的策划方案,等等。本单元所要做的事情,就是在各个单项策划训练的基础上进行合成训练,即对综合性营销方案的制订。相对于单项性营销策划方案的编制而言,综合性营销策划方案的编制要复杂得多,难度也要大一些。从学生就业岗位情况看,如果从事具体营销业务的,一般不会参与企业综合性营销方案的制订。这往往是营销经理或者营销老总的工作职责。但如果学生是自主创业,则需要为自己的企业制定相应的营销策划书。

■工作任务一　营销策划方案内容解读

项目 1:营销策划书框架解读

　　从教学资源库中选择若干企业营销策划案例进行阅读,并回答如下问题:
　　1.综合性营销策划书一般应包括哪些主要内容?
　　2.综合性营销策划书与单项策划书是什么关系?

■综合性营销策划书范例

"雪峰"系列茶品营销策划书

　　茶,作为一种大众饮品,在中国已有数千年的历史,当今随着人民生活水平的显著提高,一方面各类饮品蜂拥而起,新花色、新品种层出不穷,另一方面饮茶依旧使广大中国人的传统习惯。就目前茶叶现状而言,市场是巨大的,整体的茶叶需求量也是很大。

　　四川雪峰茶叶公司是一家集产、供、销为一体的大型茶叶公司,拥有一流的茶园、一流的技术、一流的管理。现今四川雪峰茶叶公司提出"弘扬国饮，振兴川茶"，推出"雪峰"牌系列茶品，肩负起了"振兴川茶"的领军重任，是以带给广大消费者高品质的系列茶品。

随着社会的不断进步，人民生活水平的不断提高，人们的消费观也在不断的转变，而雪峰公司推出的"雪峰"系列高品质茶品，从产品定位方面主要针对品茶爱好者、机关企事业单位人员、知识分子等有一定消费水平的广大群体。从"雪峰"的消费层来说，其消费场所主要是以高档茶楼、茶铺、各大商场、专卖店、酒店、中高档娱乐场所，以及机关、大中型企业单位人员、会议为主的集团性消费。

四川雪峰茶叶公司"雪峰"牌系列茶以"高品质的承诺，数量的保证，售后服务的完美"三大承诺为中心，满足消费者的需求。在市场经济的观念指导下，雪峰茶叶公司市场营销根据"雪峰"茶的定位和消费群众状况，运用市场营销组合，采取各种策略和手段，去占据目标市场，让广大消费者及早品尝到"雪峰"的风采，力争在一年的时间内，立足成都，辐射全川，达到年销售额 1500 万元以上。随着雪峰公司的不断壮大，争取两年内占领全川并走向全国。

一、营销思路及实施手段

1. 营销思路

雪峰公司根据市场状况，成立营销部，招聘 30 名业务骨干，负责市场的开拓。首先对业务员进行茶叶及营销知识方面的培训，灌输雪峰公司"弘扬国饮，振兴川茶"的理念。树立起"雪峰茶"的"品质、数量、服务"三大承诺为中心的责任感。在营销计划中，将营销思路分为两个部分，一方面以中高档产品为主打方向，强化"雪峰"这一品牌意识，通过品牌战略吸引消费者，另一方面针对大众档次以(低档茶为主)非品牌战略面向广大普通消费者，通过部分批发渠道或直接进入低档茶铺、茶馆。

2. 实施手段

根据"雪峰"的产品定位和消费群体(场所)，将业务员分成若干个业务小组，从各个领域去开发市场。

第一阶段：按消费行业及场所分类或按区域划分组建以下业务组(主要以成都地区市场为主打目标)

①高中档茶楼业务组 5 人

②大中型商场、超市业务组 5 人

③企事业单位、会议(集团消费)业务组 5 人

④宾馆、酒店、高档娱乐场所业务组 5 人

⑤有实力的干杂店、批发零售商业务组 5 人

⑥省市茶叶公司及批发商、大众茶铺业务组 5 人

以上六大业务组力争在三个月时间内全面拓展业务，迅速占领市场，同时配合以各种促销手段和广告宣传，力争在成都市区茶饮行业掀起一股"雪峰"浪潮。

各业务组安排如下：

（1）高中档茶楼业务组：成都地区高中茶楼约 360 家，分布在市区五城区。根据东西南北四各区域，我们选定 200 家茶楼作为当前"雪峰"直销单位，由该业务组 5 位组员划区域分头负责。按照每人 2 家/天的推进方式，与各茶楼建立商业营销关系（包括铺货层序、经济合同的签订和回款制度），这样可以在一个月内与 200 家茶楼建立起关系。业务员在和茶楼的联系过程中，公司将配合各种形式的广告宣传，同时，可以委托进行"雪峰"的专门宣传，比如赠送或悬挂 POP 标识，简单而精美的张贴画，赠送小礼品介绍茶叶知识，让消费者感受到来茶楼就应该喝"雪峰"在此基础上以"三大承诺"付诸于茶楼和消费者。

（2）大中型商场、超市业务组：商场、超市为广大消费者流动或者专门购买物品的场所。我们选取成都市各大中型商场 超市（连锁店）约 80 家，同样也划为 4 个片区，由 5 名业务员负责建立商业关系，预计 20 天左右，将"雪峰"铺货上柜。大型商场经接洽后可建立 20 家左右的专柜经营，配合 POP 和精美广告树立自身形象，以强有力的促销手段吸引消费者购买。

（3）企事业单位会议（集团消费）业务组：企事业单位的劳保用茶及各类会议的集团性消费茶叶是很大一部分，根据各企业单位的性质，可按照行业分类进行系统划分，可分为 20 个领域，例如：公检法系统、农业系统、工业系统等，每人负责 4 个方面的业务联系，因为每个系统内部是可以相通的。通过这样我们可选取各类企事业单位约 1000 家建立起"雪峰"的商业关系，逐步实行个单位的劳保用茶或长期供货渠道。

（4）宾馆、酒店及高档娱乐场所业务组：（在茶文化宣传基本到位后）宾馆、酒店当前茶叶消费主要以袋泡为主，"雪峰"可制成类似海飞丝洗发简装袋的袋装茶叶进入各大宾馆、酒店。同时宾馆、酒店的娱乐场所和社会其他高中档娱乐场所同样是茶叶消费的场所。采用同样划分片方式，由业务员直接与各场所建立供货关系。

（5）有实力的干杂店、批发零售商业务组（品牌和非品牌同时营销）：大多数人的消费偏重干杂店和小型商店，因为茶叶为易耗品，广大消费者随机购买几率较大，同时也着重偏向于中低档大众茶。我们同样在全市区划片选定 500 家作为"雪峰"的直销点，悬挂 POP 广告，由 4 名业务员负责接洽，力争在 2 个月左右全部铺货到位，并建立起相互信任的商业关系。

（6）市茶叶公司及批发商、大众茶铺业务组（非品牌营销）：省、市茶叶公司是经营茶叶的老渠道，雪峰公司应与其加强合作关系，同时成都是茶叶的一个集散地，有计划地选择 5~10 家茶叶批发商，作为以上直接销售的强有力补充，该批发商重点以非品牌经营方式（主要以大众茶经营），遍布成都市各大公园茶铺、路边茶铺等。

第二阶段：6 月—9 月

雪峰公司经过 3 个月的努力，基本上成都市区主要茶叶经营及消费网点已建成。在强大的广告配合下，"雪峰"已进入较为正常的营销领域，为了扩大经营范围,应开始在成都周边 12 个市区县建立营销网点,在营销部的业务员中可以抽取 12 位组成周边营销业务组,每人负责一个市、区或县,直接与当地的茶楼、商店、或宾馆以及茶叶公司建立直销关系,也可根据当地实际情况,待到时机成熟时,委托当地 1~2 家茶叶代理商全权代表"雪峰"的经营和销售。

第三阶段:2002 年底前

随着雪峰公司业务的发展,在立足成都市的基础上,逐步辐射全川,让"雪峰"走进省内其他消费城市。我们选取具有一定经济实力和消费水平的省内 10 座二级城市:绵阳、乐山、西昌、内江、宜宾、自贡、泸州、遂宁、南充作为营销网络城市。在这些城市设立办事处或分公司,由成都雪峰公司总部派一名长驻人员负责当地个经销点的业务联系工作。办事处或分公司其他工作人员可以从当地招聘,从而进一步更好地拓展业务渠道。

第四阶段:2002 年以后

"雪峰"在全川站稳脚跟后,逐步拓展省外业务,有计划、有步骤的在全国省会城市建立分公司或办事处,或者委托当地一家茶叶代理商全权代理营销。

二、销售预测

第一阶段:

1.茶楼业务组

(1) 茶叶均价 100 元/斤。

(2) 200 家茶楼每家日销售 2 斤,(淡季,中等茶楼)400 斤/家。

(3) 按"雪峰"占销售的 50% 200 斤计算:200×100×365＝730 万元。

2.大中型商场、超市业务组

(1) 按每月每家售 5000 元计算。

(2) 80 个商家(暂定目标):5000×80×12＝480 万元。

3.企事业单位、机关、会议(集团消费)业务组

(1) 选定 1000 家。

(2) 按平均每家年消费 3600 元计算:3600×1000＝360 万元。

4.宾馆、酒店,娱乐场所业务组

(1)按每家平均消费 2000 元。

(2) 选定 200 家:2000×200＝40 万元 。

5.小商店、有实力的干杂店业务组

(1) 选定 500 家。

(2) 按平均每家年售 1500 元:1500×500＝75 万元

6.省市茶叶公司及批发商:估计 80 万~100 万元

第二阶段预计:

成都市周边 12 个市、县区

按每地全年 10 万销售额:10×12＝120 万元 。

四川雪峰茶叶公司全年茶叶销售总额

总计：730 ＋ 480 ＋ 360 ＋ 40 ＋ 75 ＋ 80 ＋ 120 万 ＝1885 万元（保底 1500 万元）

三、营销管理

1.营销人员管理

2.营销工作程序

3.营销工作任务的核定及奖惩办法

■教师讲解

综合性营销策划书的框架

由于行业的差异和策划专题的不同，营销策划书框架纲要并无规定格式或固定模式。但是，从营销策划活动的一般规律来看，其中有些要素是共同的。一份比较完整的营销策划书框架的基本结构如表 8-1 所示：

表 8-1　营销策划书的基本结构

策划书的构成		要素
1.封面		策划书的脸
2.前言		前景交代
3.目录		一目了然
4.概要提示		要点提示
正文	5.环境分析	策划的依据和基础
	6.机会分析	提出问题
	7.战略及行动方案	对症下药
	8.营销成本	计算准确
	9.行动方案控制	容易实施
结束语		前后呼应
附录		提高可信度

综合性营销策划书是对企业营销活动的一个整体设计。核心内容应包括环境分析、机会分析、战略及行动方案、营销成本、行动方案控制等。环境分析与机会分析我们在情境二中已做了介绍。这里重点介绍营销战略及行动方案。

所谓市场营销战略是企业市场营销部门根据战略规划，在综合考虑外部市场机会及内部资源状况等因素的基础上，确定目标市场，选择相应的市场营销策略组合，并予以有效实施和控制的过程。市场营销总战略包括：产品策略、价格策略、营销渠道策略、促销策略等。市场营销战略计划的制订是一个相互动作用的过程；是一个创造和反复的过程。

一、市场营销战略的特征

● 市场营销的第一目的是创造顾客，获取和维持顾客；

● 要从长远的观点来考虑如何有效地战胜竞争，使其立于不败之地；

● 注重市场调研，搜集并分析大量的信息，只有这样才能在环境和市场的变化有很大不确实性的情况下做出正确的决策；

● 积极推行革新，其程度与效果成正比；

● 在变化中进行决策，要求其决策者要有很强的能力，要有像企业家一样的洞察力、识别力和决断力。

二、市场营销战略的步骤

企业营销管理过程是市场营销管理的内容和程序的体现，是指企业为达成自身的目标辨别、分析、选择和发掘市场营销机会，规划、执行和控制企业营销活动的全过程。企业市场营销管理过程包含着下列四个相互紧密联系的步骤：分析市场机会、选择目标市场、确定市场营销策略、市场营销活动管理（见图8.1）。

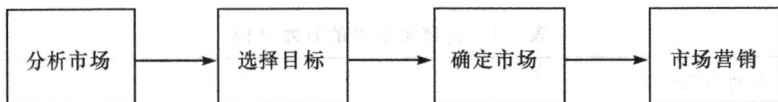

分析市场 → 选择目标 → 确定市场 → 市场营销

图8.1　市场营销管理过程的四大步骤

1．分析市场机会

在竞争激烈的买方市场，有利可图的营销机会并不多。企业必须对市场结构、消费者、竞争者行为进行调查研究，识别、评价和选择市场机会。企业应该善于通过发现消费者现实的和潜在的需求，寻找各种"环境机会"，即市场机会。而且应当通过对各种"环境机会"的评估，确定本企业最适当的"企业机会"的能力。

对企业市场机会的分析、评估，首先是通过有关营销部门对市场结构的分析、消费者行为的认识和对市场营销环境的研究。其次，需要对企业自身能力、市场竞争地位、企业优势与弱点等进行全面、客观的评价。再次，还要检查市场机会与企业的宗旨、目标与任务的一致性。

2．选择目标市场

对市场机会进行评估后，对企业要进入的哪个市场或者某个市场的哪个部分，要研究和选择企业目标市场。目标市场的选择是企业营销战略性的策略，是市场营销研究的重要内容。企业首先应该对进入的市场进行细分，分析每个细分市场的特点、需求趋势和竞争状况，并根据本公司优势，选择自己的目标市场。

3．确定市场营销策略

企业营销管理过程中，制定企业营销策略是关键环节。企业营销策略的制定体现在市场营销组合的设计上。为了满足目标市场的需要，企业对自身可以控制的各种营销要素如质量、包装、价格、广告、销售渠道等进行优化组合。重点应该考虑产品策略、价格策略、渠道策略和促销策略，即"4Ps"营销组合。

三、4P 营销组合策略

4P 营销组合策略 20 世纪的 60 年代，美国学者麦卡锡教授提出了著名的 4P 营销组合策略，即产品（product）、价格（price）、渠道（place）和促销（promotion）。认为一次成功和完整的市场营销活动，意味着以适当的产品、适当的价格、适当的渠道和适当的促销手段，将适当的产品和服务投放到特定市场的行为。

4P 营销组合的内容：产品（product）：注重开发的功能，要求产品有独特的卖点，把产品的功能诉求放在第一位。

价格（price）：根据不同的市场定位，制定不同的价格策略，产品的定价依据是企业的品牌战略，注重品牌的含金量。

分销（place）：企业并不直接面对消费者，而是注重经销商的培育和销售网络的建立，企业与消费者的联系是通过分销商来进行的。

促销（promotion）：企业注重销售行为的改变来刺激消费者，以短期的行为（如让利，买一送一，营销现场气氛等等）促成消费的增长，吸引其他品牌的消费者或导致提前消费来促进销售的增长。

4P 的提出奠定了管理营销的基础理论框架。该理论以单个企业作为分析单位，认为影响企业营销活动效果的因素有两种：

一种是企业不能够控制的，如政治、法律、经济、人文、地理等环境因素，称之为不可控因素，这也是企业所面临的外部环境。

一种是企业可以控制的，如生产、定价、分销、促销等营销因素，称之为企业可控因素。企业营销活动的实质是一个利用内部可控因素适应外部环境的过程，即通过对产品、价格、分销、促销的计划和实施，对外部不可控因素做出积极动态的反应，从而促成交易的实现和满足个人与组织的目标，用著名管理学家科特勒的话说就是"如果公司生产出适当的产品，定出适当的价格，利用适当的分销渠道，并辅之以适当的促销活动，那么该公司就会获得成功"（科特勒，2001）。所以市场营销活动的核心就在于制定并实施有效的市场营销组合。

科特勒把企业营销活动这样一个错综复杂的经济现象，概括为三个圆圈，把企业营销过程中可以利用的成千上万的因素概括成四个大的因素，即 4Ps 理论——产品、价格、分销和促销，的确非常简明、易于把握。得益于这一优势，该理论不胫而走，很快成为营销界和营销实践者普遍接受的一个营销组合模型。

4P 理论主要是从供方出发来研究市场的需求及变化，如何在竞争在取胜。4P 理论重视产品导向而非消费者导向，以满足市场需求为目标。4P 理论是营销学的基本理论，它最早将复杂的市场营销活动加以简单化、抽象化和体系化，构建了营销学的基本框架，促进了市场营销理论的发展与普及。

随着市场营销学研究的不断深入，市场营销组合的内容也在发生着变化，从"4Ps"发展为"6Ps"。近年又有人提出了"4Cs"为主要内容的市场营销组合。

四、4C 营销组合策略

四、4C 营销组合策略 1990 年由美国营销专家劳特朋教授提出,它以消费者需求为导向,重新设定了市场营销组合的四个基本要素:即消费者(consumer)、成本(cost)、便利(convenience)和沟通(communication)。它强调企业首先应该把追求顾客满意放在第一位,其次是努力降低顾客的购买成本,然后要充分注意到顾客购买过程中的便利性,而不是从企业的角度来决定销售渠道策略,最后还应以消费者为中心实施有效的营销沟通。与产品导向的 4P 理论相比,4C 理论有了很大的进步和发展,它重视顾客导向,以追求顾客满意为目标,这实际上是当今消费者在营销中越来越居主动地位的市场对企业的必然要求。

4C 营销组合内容:Customer 主要指顾客的需求。企业必须首先了解和研究顾客,根据顾客的需求来提供产品。同时,企业提供的不仅仅是产品和服务,更重要的是由此产生的客户价值(customer value)。

Cost 不单是企业的生产成本,或者说 4P 中的 Price(价格),它还包括顾客的购买成本,同时也意味着产品定价的理想情况,应该是既低于顾客的心理价格,亦能够让企业有所盈利。此外,这中间的顾客购买成本不仅包括其货币支出,还包括其为此耗费的时间,体力和精力消耗,以及购买风险。

Convenience,即所谓为顾客提供最大的购物和使用便利。4Cs 营销理论强调企业在制定分销策略时,要更多地考虑顾客的方便,而不是企业自己的方便。要通过好的售前、售中和售后服务来让顾客在购物的同时,也享受到了便利。便利是客户价值不可或缺的一部分。

Communication 则被用以取代 4P 中对应的 Promotion(促销)。4Cs 营销理论认为,企业应通过同顾客进行积极有效的双向沟通,建立基于共同利益的新型企业/顾客关系。这不再是企业单向的促销和劝导顾客,而是在双方的沟通中找到能同时实现各自目标的通途。

在 4C 理念的指导下,越来越多的企业更加关注市场和消费者,与顾客建立一种更为密切的和动态的关系。现在在消费者考虑价格的前提就是自己的"花多少钱买这个产品才值"。于是作为销售终端的苏宁电器专门有人研究消费者的购物"成本",以此来要求厂家"定价",这种按照消费者的"成本观"来对厂商制定价格要求的做法就是对追求顾客满意的 4C 理论的实践。

4C 营销理论上的不足:总起来看,4C 营销理论注重以消费者需求为导向,与市场导向的 4Ps 相比,4C 营销理论有了很大的进步和发展。但从企业的营销实践和市场发展的趋势看,4C 营销理论依然存在以下不足:

①4C 营销理论是顾客导向,而市场经济要求的是竞争导向,中国的企业营销也已经转向了市场竞争导向阶段。顾客导向与市场竞争导向的本质区别是:前者看到的是新的顾客需求;后者不仅看到了需求,还更多地注意到了竞争对手,冷静分析自身在竞争中的优、劣势并采取相应的策略,在竞争中求发展。

②4C 营销理论虽然已融入营销策略和行为中,但企业营销又会在新的层次上

同一化。不同企业至多是个程度的差距问题,并不能形成营销个性或营销特色,不能形成营销优势,保证企业顾客份额的稳定性、积累性和发展性。

③4C 营销理论以顾客需求为导向,但顾客需求有个合理性问题。顾客总是希望质量好,价格低,特别是在价格上要求是无界限的。只看到满足顾客需求的一面,企业必然付出更大的成本,久而久之,会影响企业的发展。所以从长远看,企业经营要遵循双赢的原则,这是 4C 需要进一步解决的问题。

④4C 营销理论仍然没有体现既赢得客户,又长期地拥有客户的关系营销思想。没有解决满足顾客需求的操作性问题,如提供集成解决方案、快速反应等。

⑤4C 营销理论总体上虽是 4Ps 的转化和发展,但被动适应顾客需求的色彩较浓。根据市场的发展,需要从更高层次以更有效的方式在企业与顾客之间建立起有别于传统的新型的主动性关系,如互动关系、双赢关系、关联关系等。

4C 营销理论从其出现的那一天起就普遍受到企业的关注,此后的整个 20 世纪 50～70 年代,许多企业运用 4Cs 营销理论创造了一个又一个奇迹。但是 4C 营销理论过于强调顾客的地位,而顾客需求的多变性与个性化发展,导致企业不断调整产品结构、工艺流程,不断采购和增加设备,其中的许多设备专属性强,从而使专属成本不断上升,利润空间大幅缩小。另外,企业的宗旨是"生产能卖的东西",在市场制度尚不健全的国家或地区,就极易产生假、冒、伪、劣的恶性竞争以及"造势大于造实"的推销型企业,从而严重损害消费者的利益。当然这并不是由 4Cs 营销理论本身所引发的。

五、市场营销活动管理

企业营销管理的最后一个程序是对市场营销活动的管理,营销管理离不开营销管理系统的支持。需要以下三个管理系统支持。(1)市场营销计划。既要制定较长期战略规划,决定企业的发展方向和目标,又要有具体的市场营销计划,具体实施战略计划目标。(2)市场营销组织。营销计划需要有一个强有力的营销组织来执行。根据计划目标,需要组建一个高效的营销组织结构,需要对组织人员实施筛选、培训、激励和评估等一系列管理活动。(3)市场营销控制。在营销计划实施过程中,需要控制系统来保证市场营销目标的实施。营销控制主要有企业年度计划控制、企业盈利控制、营销战略控制等。

营销管理的三个系统是相互联系,相互制约的。市场营销计划是营销组织活动的指导,营销组织负责实施营销计划,计划实施需要控制,保证计划得以实现。

■工作任务二　营销策划方案的编制

项目 1:开店营销策划方案编制

王辉同学准备在浙江经贸职业技术学院大学生创业园开一个书店。营业面积

为 50 平方米。请你为其编制一个营销策划书。

项目 2：农家乐旅游景点营销策划方案编制

源头酒家是一家集住宿、休闲、避暑、度假、游玩、餐饮于一体的休闲酒家。源头酒家环境宁静而悠远，空气清新，气候宜人，独门独院，还有独立停车场，是旅游团队、私车出游最理想的休闲场所。这里交通便捷，是您休闲度假的首选之地。

当您累的时候，聚龙阁备有干净舒适的客房供您休息，给您一种家的感觉。当您闲暇的时候，您可以在聚龙阁周围喝茶聊天，走走山路。

源头酒家干净卫生让你吃得开心住得放心。这里有城市里所没有的无污染的农家菜和高山野菜，还有小溪里的小野鱼，放养在竹林中的家乡本鸡也是无比的美味！这里的住宿环境也专心地设计了一番，拥有空调、彩电、独立卫生间。宽敞明亮，干净整洁，还有面朝竹海的阳台让您彻底地放松自己，聆听大自然的天籁之音，使你心旷神怡，豁然开朗。

吃住在源头酒家想游玩安吉的全部景点也是极其方便快捷的，而且源头酒家还有提供部分景点打折优惠，让你游玩更经济实惠。

周边景点有瀑布繁多的藏龙百瀑，有拍过卧虎藏龙的中国大竹海，拍过夜宴的天下银坑，有竹类万种的竹种园，有亚洲蓄能水电站数一数二的天荒坪水电站，有黄浦江漂流，有投资规模宏大的中南百草园等等，让你玩得乐不思蜀，流连忘返。

开心玩安吉，放心吃住源头酒家！我们用真诚的服务，让你这次竹乡之行留下美好回忆！

■教师讲解

如何编制营销策划方案

一、封面的制作

封面是营销策划书的脸，如一本杂志的封面设计一样，阅读者首先看到的是封面，因而封面能起到强烈的视觉效果，给人留下深刻的第一印象，从而对策划内容的形象定位起到辅助作用。封面的设计原则是醒目、整洁，切忌花哨，至于字体、字号、颜色，则应根据视觉效果具体考虑。策划书的封面可提供以下信息：策划书的名称、被策划的客户、策划机构或策划人的名称、策划完成日期及本策划适用时间段。

封面制作的要点如下：

（1）标出策划委托方。如果是受委托的营销策划，那么在策划书封面要把委托方的称称列出来，如：××公司××策划书。

（2）取一个简明扼要的标题。题目要准确又不累赘，使人一目了然。有时为了突出策划的主题或者表现策划的目的，可以加一个副标题或小标题。

（3）标明日期。日期一般以正式提交为准。因为营销策划具有一定时间性，不同时间段上市场的状况不同，营销执行效果也不一样。

（4）标明策划者。一般要在封面的最下方标出策划者。如果策划者是公司，则须列出企业名称。

二、前言的撰写

前言一方面是对内容的高度概括性表述，另一方面在于引起阅读者的注意和兴趣。当阅读者看过前言后，能使其产生急于看正文的强烈欲望。

前言的文字以不超过一页为宜，字数可以控制在 1000 字以内，其内容可以集中在以下几个方面：

（1）简单交代接受营销策划委找的情况，例如，A 营销策划公司接受 B 公司的委托，承担 20××年度营销策划工作。

（2）进行策划的原因，即把该营销策划的重要性和必要性表达清楚，这样就能吸此阅读者进一步去阅读正文。

（3）策划过程的概略介绍和策划实施后要达到的理想状态的简要说明。

三、目录的设计

目录

目录的作用是使营销策划书的结构一目了然,同时也使阅读者能方便地查寻营销策划书的内容。因此,策划书中的目录不宜省略。

如果营销策划书的内容篇幅不是很多的话,目录可以和前言同列一页。列目录时要注意的是:目录中所标的页码不能和正文的页码有出入,否则会增加阅读者的麻烦。

因此,尽管目录位于策划书中的前列,但实际的操作往往是等策划书全部完成后,再根据策划书的内容与页码来编写目录的。

四、概要提示

为了使阅读者对营销策划内容有一个非常清晰的概念,使阅读者立刻对策划者的意图与观点予以理解,作为总结性的概要提示是必不可少的。换句话说,阅读者通过概要提示,可以大致理解策划内容的要点。

概要提示的撰写同样要求简明扼要,篇幅不能过长,可以控制在一页以内。另外,概要提示不是简单地把策划内容予以列举,而是要单独成一个系统,因此,遣词造句等都要仔细斟酌,要起到一滴水见大海的效果。

概要提示的撰写一般有两种方法,即在制作营销策划书正文前事先确定和在营销策划书正文结束后事后确定。这两种方法各有利弊,一般来说,前者可以使策划内容的正文撰写有条不紊地进行,从而能有效地防止正文撰写的离题或无中心化;后者简单易行,只要把策划书内容归纳提炼就行。采用哪一种方法可由撰写者根据自己的情况来定。

五、策划书正文的撰写

一般的,营销策划文案的具体内容如下:

1.环境分析

这是营销策划的依据与基础,所有营销策划都是以环境分析为出发点。环境分析一般应在外部环境与内部环境中抓重点,描绘出环境变化的轨迹,形成令人信服的依据资料。

环境分析的整理要点是明了性和准确性。所谓明了性是指列举的数据和事实要有条理,使人能抓住重点。在具体做环境分析时,往往要搜集大量的资料,但所搜集的资料并不一定都要放到策划书的环境分析中去,因为过于庞大复杂的资料往往会减弱阅读者的阅读兴趣。如果确需列入大量资料,可以用"参考资料"的名义列在最后的附录里。因此,做到分析的明了性是策划者必须牢记的一个原则。

所谓准确性是指分析要符合客观实际,不能有太多的主观臆断。任何一个带有结论性的说明或观点都必须建立在客观事实基础上,这也是衡量策划者水平高低的标准之一。

2.机会分析

这一部分可以把它和前面的环境分析看作是一个整体。而实际上在很多场合,一些营销策划书也确实是如此处理的。

在这里,要从上面的环境分析中归纳出企业的机会与威胁、优势与劣势,然后找出企业存在的真正问题与潜力,为后面的方案制订打下基础。企业的机会与威胁一般通过外部环境的分析来把握;企业的优势与劣势一般通过内部环境的分析来把握。在确定了机会与威胁、优势与劣势之后,再根据对市场运动轨迹的预测,就可以大致找到企业问题所在了。

3.战略及行动方案

这是策划书中的最主要部分。在撰写这部分内容时,必须非常清楚地提出营销目标、营销战略与具体行动方案。这里可以用医生为病人诊断的例子来说明。医生在询问病情、查看脸色、把脉以及各种常规检查后(这可以看作是进行环境分析和机会分析),必须对病人提出治疗的方案。医生要根据病人的具体情况为其设定理想的健康目标(如同营销目标)、依据健康目标制定具体的治疗方案(如同营销战略与行动方案)。因此,"对症下药"及"因人制宜"是治疗的基本原则。所谓"因人制宜"是指要根据病人的健康状况即承受能力下药,药下得太猛,病人承受不了,则适得其反。在制订营销战略及行动方案时,同样要遵循上述两个基本原则。常言道:"欲速则不达。"在这里特别要注意的是避免人为提高营销目标以及制定脱离实际难以施行的行动方案。可操作性是衡量此部分内容的主要标准。

在制定营销方案的同时,还必须制定出一个时间表作为补充,以使行动方案更具可操作性。此举还可提高策划的可信度。

4.营销成本

营销费用的测算不能马虎,要有根据。像电台广告、报纸广告的费用等最好列出具体价目表,以示准确。如价目表过细,可作为附录列在最后。在列成本时要区分不同的项目费用,既不能太粗,又不能太细。用列表的方法标出营销费用也是经常被运用的,其优点是醒目。

5.行动方案控制

此部分的内容不用写得太详细,只要写清楚对方案的实施过程的管理方法与措施即可。另外,由谁实施,也要在这里提出意见。总之,对行动方案控制的设计要有利于决策的组织与施行。

6. 结束语

结束语主要起到与前言的呼应作用,使策划书有一个圆满的结束,而不致使人感到太突然。结束语中再重复一下主要观点并突出要点是常见的。

7. 附录

附录的作用在于提供策划客观性的证明。因此,凡是有助于阅读者对策划内容的理解、信任的资料都可以考虑列入附录。但是,为了突出重点,可列可不列的资料还是不列为宜。作为附录的另一种形式是提供原始资料,如消费者问卷的样本、座谈会原始照片等图像资料等等。作为附录也要标明顺序,以便寻找。

六、营销策划书的撰写技巧

营销策划书和一般的报告文章有所不同,它对可信性、可操作性以及说服力的要求特别高,因此,运用撰写技巧提高可信性、可操作性以及说服力。这也是策划书撰写的追求目标。

1. 寻找一定的理论依据

欲提高策划内容的可信性,并使阅读者接受,就要为策划者的观点寻找理论依据。事实证明,这是一个事半功倍的有效办法。但是,理论依据要有对应关系,纯粹的理论堆砌不仅不能提高可信性,反而会给人脱离实际的感觉。

2. 适当举例

这里的举例是指通过正反两方面的例子来证明自己的观点。在策划报告书中,适当地加入成功与失败的例子既能起调节结构的作用,又能增强说服力,可谓一举两得。这里要指出的是,举例以多举成功的例子为宜,选择一些国外先进的经验与做法,以印证自己的观点是非常有效的。

3. 利用数字说明问题

策划报告书是一份指导企业实践的文件,其可靠程度如何是决策者首先要考虑的。报告书的内容不能留下查无凭据之嫌,任何一个论点均要有依据,而数字就是最好的依据。在报告书中利用各种绝对数和相对数来进行比照是绝对不可少的。要注意的是,数字需有出处,以证明其可靠性。

4. 运用图表帮助理解

运用图表能有助于阅读者理解策划的内容,同时,图表还能提高页面的美观性。图表的主要优点在于有着强烈的直观效果,因此,用其进行比较分析、概括归纳、辅助说明等非常有效。图表的另一优点是能调节阅读者的情绪,从而有利于对策划书的深刻理解。

5. 合理利用版面安排

策划书的视觉效果的优劣在一定程度上影响着策划效果的发挥。有效利用版面安排也是策划书撰写的技巧之一。版面安排包括打印的字体、字号、字距、行距以及插图和颜色等等。如果整篇策划书的字体、字号完全一样,没有层次、主辅,那么这份策划书就会显得呆板,缺少生气。总之,良好的版面可以使策划书重点突出,层次分明。

应该说,随着文字处理的电脑化,这些工作是不难完成的。策划者可以先设计几种版面安排,通过比较分析,确定一种最好效果的设计,然后再正式打印。

6.注意细节,消灭差错

细节往往会被人忽视,但是对于策划报告来说却是十分重要的。可以想象得出一份策划书中错字、漏字连续出现的话,读者怎么可能会对策划者抱有好的印象呢？因此,对打印好的策划书要反复仔细地检查,特别是对于企业的名称、专业术语等更应仔细检查。另外,纸张的好坏、打印的质量等等都会对策划书本身产生影响,所以也绝不能掉以轻心。

七、拟订策划案的原则

1.实事求是

由于策划案是一份执行手册,如果说策划书还能运用高深的理论和各种模型去深入论述的话,策划案就必须务实,使方案更符合企业条件的实际、员工操作能力的实际、环境变化和竞争格局的实际等。这就要求在设计策划案时一定要坚持实事求是的科学态度,在制定指标、选择方法、划分步骤的时候,要从主客观条件出发,尊重员工和他人的意见,克服设计中自以为是和先入为主的主观主义,用全面的、本质的、发展的观点观察认识事物。

2.严肃规范

就是要求人们在设计策划案时一定要严格地按照策划书的意图和科学程序办事。策划案是为策划书的开发利用寻找方法、安排步骤、制定规划的。它的出台,是策划人依据策划的内在规律,遵循操作的必然程序,严肃认真,一丝不苟,精心编制而成的。所以,在拟定策划案过程中,切不可粗制滥造。严肃性原则还表现在,一个科学合理的策划案被采纳之后,在实际操作过程中,任何人不得违背或擅自更改。

3.简单易行

就是要求人们在设计策划案时一定要做到简单明了、通俗易懂、便于推广、便于操作。任何一个方案的提出,都是为了能够在现实中能够容易操作,并通过操作过程达到预定的目的。为此,我们在策划案各要素的安排和操作程序的编制上,要依据主客观条件,尽量化繁为简、化难为易,做到既简便易行,又不失其效用。

4.灵活弹性

就是要求人们在设计策划案时一定要留有回旋余地,不可定得太死。当今是高速发展的时代,策划案虽然具有科学预见性的特点,但它毕竟与现实和未来存在较大的差距,所以,它在实施过程中难免会遇到突如其来的矛盾、意想不到的困难。如:资金未到位,人员没配齐,物资不齐全,时间更改,地点转移,环境变化等。这些因素我们必须估计到,提出应变措施,并能浸透到方案的各环节之中。一旦情况出现,便可及时对既定方案进行修改、调整。这样,既保证了原有意图在不同程度上得以实现,又避免了因策划案的夭折而造成重大损失。

5.逻辑思维原则

商品企划目的在于解决企业行销中出现的问题,制定解决方案,按照逻辑性思维的构思来编制企划书。首先是了解企业的现实状况,描述进行该企划的背景,分析当前市场状况以及目标市场,再把企划中心目的全盘托出;其次详细阐述企划内容;再次明确提出解决问题的对策;最后预测实施该企划方案的效果。

6.创意新颖原则

商品企划方案应该是一个"金点子",也就是说要求企划的"点子"(创意)要与众不同、内容新颖别致,表现手段也要别出心裁,给人以全新的感受。新颖、奇特、与众不同的创意是商品企划书的核心内容。

企业项目:雪花啤酒 2005 年杭州主流高推广案例

啤酒作为酒类中最重要的一个品种,为全世界人们所喜爱。从 20 世纪 80 年代起,我国的啤酒业得到极大的发展,每年以 30％的高速持续增长,我国的啤酒生产企业如雨后春笋般不断涌现,遍及神州大地。到了 2002 年,中国啤酒产量已处于世界第一的位置,成为名符其实的啤酒大国。

浙江省是中国啤酒消费第二大省,2003 年的啤酒产销量超过 200 万吨,并且以每年 12％的速度递增,浙江经济发达,尤其是餐饮业发达,啤酒市场前景广阔。这种经营现状让国内外巨头纷纷开始对浙江啤酒业进行全面"围攻",使得竞争趋于白热化。浙江是啤酒大省,但却不是啤酒强省,各色品牌多达上个,而上十万吨的企业却只有五六家。各个啤酒企业基本上以所在地 100 公里以内为销售半径,企业之间的竞争就异常激烈。

一、市场需求分析

通过对本地啤酒市场的调查发现:

1.消费能力

(1)杭州城镇居民可支配收入高,有充足的购买能力。

(2)杭州消费者认可的家庭消费啤酒价格为 1.5～2 元/瓶。

2.消费特点

(1)口味上:

①清、淡、爽是普通消费者最重视的口味感觉。

②受访者一致认为口味淡爽的酒更高档。

③35 岁以下的消费者在家里家外都喜欢口味清淡的酒,因为更爽口。

④40 岁以上的消费者接受口味淡爽的啤酒,但更倾向于选择味道、口味浓一点的酒,主要原因是"经济"。

(2)容量上:

①消费者对于容量大小的在意程度不高,通常不能非常清楚准确地说出自己

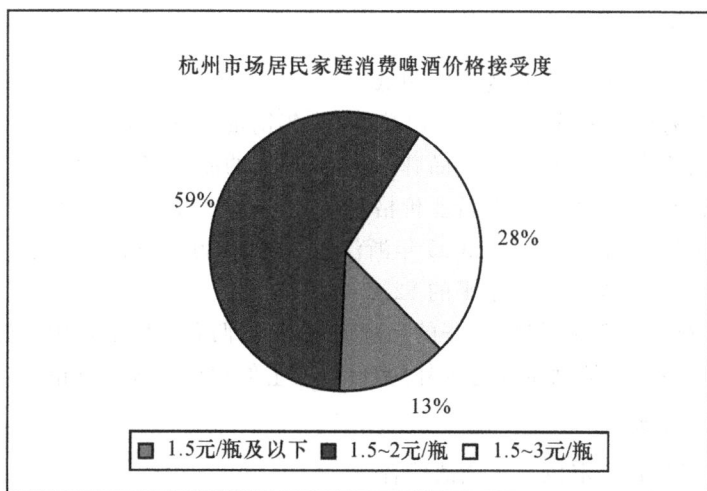

杭州市场居民家庭消费啤酒价格接受度

59%

28%

13%

■ 1.5元/瓶及以下　■ 1.5~2元/瓶　□ 1.5~3元/瓶

所喝啤酒的容量大小。20~35岁年轻受访者对于容量的关注度更低,他们通常不会在意毫升上的差别,而36~50岁受访者对容量会有所关注,但表示通常能接受在50毫升以内的差异。

②消费者认为细长瓶型更有档次;厂方如使用专用瓶更能体现实力。

通过调查分析发现:

1)清、淡、爽是消费者最看重的啤酒口味感觉;

2)消费者对50毫升以内的容量差别不敏感;

3)采用细长的专用瓶更能彰显档次与实力。

3.细分市场的调查

通过细分市场的调查可以发现:主流高档、高档、中档细分成长迅速,主流高档尤其明显;居民家庭消费的啤酒正在往更高档次发展。

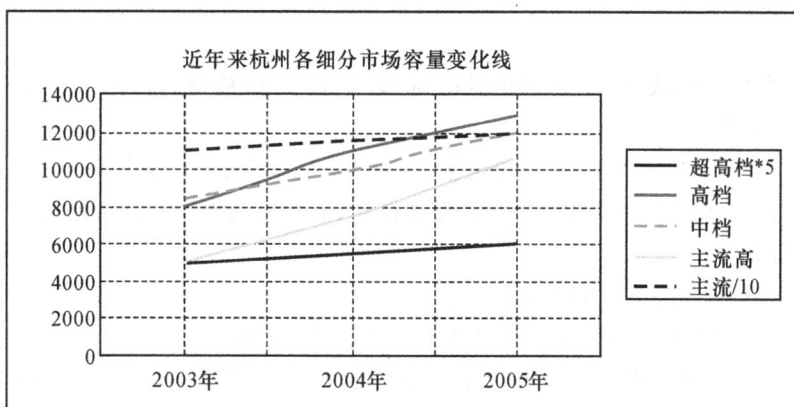

近年来杭州各细分市场容量变化线

超高档*5
高档
中档
主流高
主流/10

二、竞争者分析

浙江啤酒市场总体表现为两多两低。

厂家多:有统计的啤酒厂家达49家,其中年销量3万千升及以上为22家。

品牌多:除青岛、百威等外来品牌外,省内厂家的品牌多达上百只。

价格低、利润低:浙江啤酒行业价格水平低,主流产品售价绝大部分在1.5元/瓶或以下;平均盈利水平较低,2005年浙江省22家3万千升以上厂家千升酒平均利润95.6元,仅为全国平均水平的82.4%。

雪花在杭州属于新品牌;中华的品牌表现不佳;西湖品牌的低中高档酒在杭州处于绝对强势;超高档酒主要是国外的百威、嘉士伯和喜力等占据市场。

三、主要顾客

18～50岁男性,定位为大众消费者。

四、SWOT分析

1.优势

(1)雪花作为全国性知名品牌,具有日益增强的影响力、号召力,地方上可共享到雪花空中资源。

(2)浙江雪花啤酒厂拥有一流的产品生产线,掌握着先进的啤酒生产技术。

(3)雪花打主流高比打主流,在运作上有更大的力度空间。

因此,可以充分利用和发挥雪花品牌的空中资源,前期开展有震撼力的推广活动。

2.劣势

(1)雪花是新品牌,消费者接受有一个过程。

(2)主流高相对主流售价相对较高。

(3)市场份额小,2005年公司产品在浙江总体占有率仅为12%,在杭州的占有率仅为24%。

(4)产品结构低,2005公司销量达到29万千升,但精制酒占比仅为5.2%,主流高占比仅为4.6%。

(5)盈利水平差,2005年公司销量29万千升,但仍处于亏损状态。

针对以上的劣势,可采用消费者促销拉动、市场与销售密切配合的方式。

3.机会

(1)市场规模庞大,市场增长迅速较快。

(2)对于啤酒工业,国家政策总体上是鼓励适当发展。

(3)啤酒行业的发展已步入产业成熟的过渡期,消费市场日趋成熟,啤酒已成为消费者日常饮用的酒类产品之一。

(4)主流高扩张速度相对较快。

(5)竞争对手对主流高细分的关注度相对较低。

可以充分利用以上机会因势利导、助推催化把主流高做大;避实击虚,攻竞争对手所不备。

4.威胁

(1)面临白酒、黄酒、特别是葡萄酒等其他酒类产品的生产企业的冲击。

(2)消费者的消费层次有待于进一步提高。

(3)西湖主流酒加大终端促销,实行渠道封锁。

(4)竞品利用雪花主流高采取不正当手段扰乱雪花精制酒销售。

为避免以上威胁,可采用前期保持较高力度的消费者促销和精确定价(售价明确 2 元/瓶)等方式。

五、采取措施

1.产品

采用雪花清爽 580ml.1 * 12 塑箱雪花:品牌是竞争之本。雪花是全国性大品牌,中国名牌,这是对手所不具备的,因此选择雪花而不是沿用中华、钱江。

清爽:清、淡、爽是杭州消费者最看重的啤酒口味感觉,因此,采用 9 度淡爽酒体,主题清爽。

580:调查表明杭州消费者对 50 毫升以内的容量差别不敏感,因此,为与众不同、超越主流,选择 580ml 雪花专用瓶包装。

1 * 12:考虑专攻非现饮,为方便家庭消费、与主流酒塑箱区隔、更显档次,因此采用专用雪花 1 * 12 塑箱包装。

2.价格:2 元/瓶(身标标注不含瓶)

2 元/瓶高西湖一筹,2 元/瓶标注有利于迅速建立雪花"超出一般"的定位;

2 元/瓶标注可避免主流高对精制酒可能造成的冲击;

2 元/瓶标注可方便终端售卖。

3.渠道:另辟蹊径

按常规主流高应做现饮,而雪花舍末逐本,因势利导,避实击虚,主流高先做非现饮。原因:

(1)自然状态下,主流高在迅速扩容。

(2)目标决定选择,要助推主流高更快扩容,就需选择足够大的战场,普酒在现饮和非现饮销量比例 3:7,非现饮是居民家庭消费的主渠道,因此,先选择非现饮做主流高比做现饮有更大的战场空间。

3.事实上主流高先做现饮更容易,但容易的事人人会做、人人在做、落入俗套、难以突出,主流高先做非现饮则是反常规突破,成则大成。另外,主流高在非现饮成功后进入现饮就会轻而易举。

4.促销

(1)采用"再来一瓶"的消费者开盖有奖

采用"再来一瓶",而不是"赠饮一瓶"、"伍角"。

①"再来一瓶"和"赠饮一瓶"的差异:前者是一种消费提醒,后者则是一种促销告知;

②"再来一瓶"和"伍角"两种投奖方式的差异:前者使消费充满博彩乐趣,后者则只是一种让利优惠;前者的兑换限定在实物,方便重复购买,而后者的兑换为现金,现金则可兑换其他物品甚至包括竞品;前者对价格定位不会产生不利影响,而后者则极有可能降低消费者对产品的定位,产生负面效应。

(2)以我为主,掌控节奏

消费者开盖有奖节奏、终端促销节奏主要按品牌和产品运作周期设计,而不是像通常的把对手动作作为主要考虑因素,从而彻底跳出"跟从"怪圈,独执牛耳。

(3)扮演主角,开展推广

①与杭州市民生活紧密链接,把雪花做成城市的一种风景、一种元素、一种伴随(城市标志地块户外广告、漂亮的候车亭广告、特色美食街区包装、小区面对面推广等),从而让市民认识到雪花不是过客。

②做杭州主要的有影响的啤酒类活动(啤酒节、啤酒美食节等)绝对主角,让市民认识到如今杭州的啤酒主角已经是雪花而不再是西湖。

六、结果

1.雪花品牌地位迅速建立

雪花品牌在杭州市场"一个月渗透率"提升了40.5%,雪花品牌地位得以迅速建立。

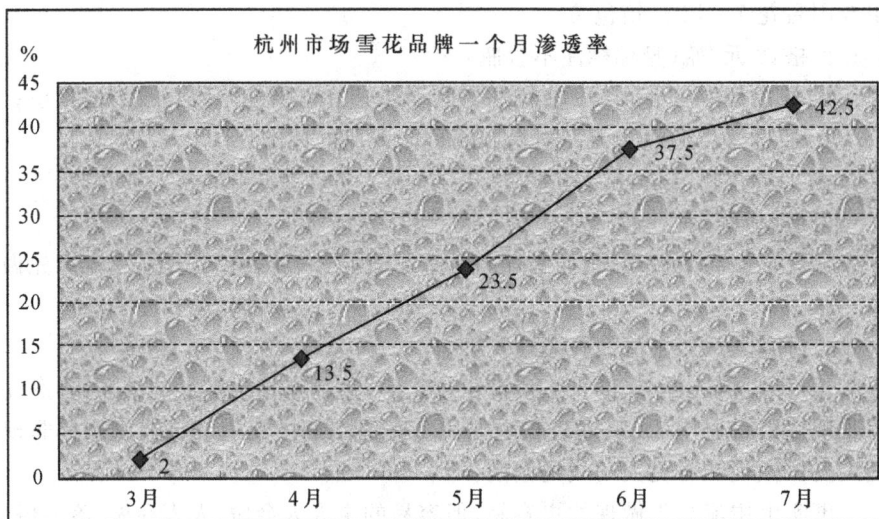

杭州市场雪花品牌一个月渗透率

2.整体两率(铺货率和占有率)迅速提升

通过雪花主流高产品的推广,雪花在杭州市场的综合占有率提升了20%。

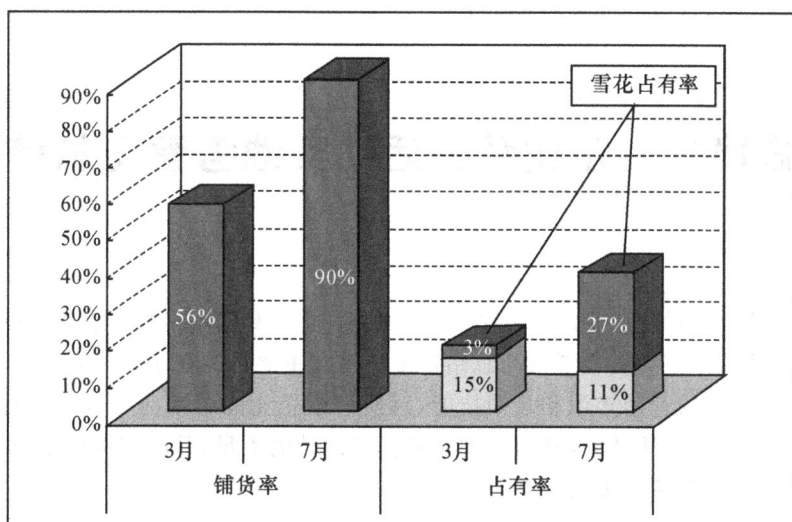

情境综合项目训练

1.为某一产品或服务撰写一份营综合性营销策划方案

2.要求学生结合自己今后的创业方向,撰写一份商业计划书。

情境九　企业营销活动实地考察与总结

为了使学生对企业实际营销活动有一个全面、亲身的感受和体验,本课程特意设置了企业营销活动实地考察与总结这个情境。主要目的在于通过企业的实地考察,利用所掌握的营销知识和营销技能,对所考察企业的营销活动进行实地调研,能够总结企业营销活动的经验,发现企业营销活动的不足,并能够提出相应的合理化建议,供企业在营销决策时参考。

■工作任务一　企业营销活动实地考察与营销案例编写

选择校外实训基地,进行企业营销活动实地考察并编写其相应的营销案例。

■工作任务二　营销案例大赛

作品封面模板

作品封面见下页。

"E 都市杯"2008 年全国高职高专学生
市场营销案例技能大赛作品

作品名称＿＿＿＿＿＿＿＿＿＿＿＿＿＿＿＿＿＿＿＿＿

参赛学校＿＿＿＿＿＿＿＿＿＿＿＿＿＿＿＿＿＿＿＿＿

参赛选手＿＿＿＿＿＿＿＿＿＿＿＿＿＿＿＿＿＿＿＿＿

指导教师＿＿＿＿＿＿＿＿＿＿＿＿＿＿＿＿＿＿＿＿＿

联系方式＿＿＿＿＿＿＿＿＿＿＿＿＿＿＿＿＿＿＿＿＿

主办方:教育部高职高专工商管理类教学指导委员会

承办方:市场营销分指委 浙江经贸职业技术学院

协办方:杭州阿拉丁信息科技有限公司

二〇〇八 年十一月

作品格式要求

一、页面要求

作品须用 A4(210×297mm)标准、70 克以上白纸,一律采用单面打印;作品页边距按以下标准设置:上边距(天头)为:30 mm,下边距(地脚)25mm,左边距和右边距为:25mm;装订线:10mm;页眉:16mm,页脚:15mm。

二、页脚

从作品正文部分开始,用阿拉伯数字连续编页,页码编写方法为:第 x 页,居中,打印字号为小 5 号宋体。

三、字体与间距

作品正文字体为小四号宋体,字间距设置为标准字间距,行间距设置为 1.5 倍。

四、序号的层次格式

第一部 企业背景介绍(三号宋体,加粗,空两格)

××××××××××××××××××××××××(内容用小四号宋体)。

一、××××(小三号宋体,加粗,空两格)

××××××××××××××××××××(内容用小四号宋体)。

(一)××××(四号宋体,加粗,空两格)

××××××××××××××××××××(内容用小四号宋体)。

1.××××(小四号宋体,加粗,空两格)

五、其他注意事项

作品中的图、表、公式、算式等,一律用阿拉伯数字分别依序连编编排序号。

作品中对某一问题、概念、观点等的简单解释、说明、评价、提示等,如不宜在正文中出现,可采用加注的形式。应注编排序号,注的序号以同一页内出现的先后次序单独排序,用①、②、③⋯⋯依次标示在需加注处,以上标形式表示。注的说明文字以序号开头。注的具体说明文字列于同一页内的下端,与正文之间用左对齐、占页面 1/4 宽长度的横线分隔。作品中以任何形式引用的资料,均须标出引用出处。

"E 都市杯"
2008 年全国高职高专学生市场营销案例大赛
现场答辩评分标准

作品名称：_____

评分原则：公平、公正、公开

评分标准：

项目	评分指标	评分标准	分值	得分	备注
作品内容	应用性	选题合理，对行业或企业有一定的指导意义	10		
	规范性	内容完整，层次清晰、思路连贯，观点鲜明，行文流畅	10		
	独创性	企业背景材料真实，案例设计具有原创性	10		
	科学性	准确的选用理论，对问题进行深入的分析，案例点评视角独特、观点独到	10		
	总体印象		10		
现场答辩	展示能力	多媒体展示清晰、形式优美	10		
	表达能力	表达清晰自然、表现力强	10		
	反应能力	反应敏捷、正确回答问题	10		
	合作能力	配合流畅，具有团队精神	10		
	总体印象		10		
合计			100		

"'E 都市杯'2008 年全国高职高专学生市场营销案例大赛" 技术文件

一、竞赛形式

竞赛为团体赛,每一团体由 3 名选手组成。竞赛分初赛和决赛两种形式。初赛成绩前 50 名的团体有资格参加决赛。决赛成绩前 20 名的团体需进行现场答辩。

二、竞赛内容与规则

1. 初赛

初赛采用递交原创性营销案例作品方式进行。要求参赛选手以真实企业的营销实践为基础,编写出具有较强理论价值和实践价值又未公开发表的营销案例作品。

作品要求按照统一格式编制。正文分为三部分:第一部分为企业背景介绍;第二部分为企业营销案例描述;第三部分为企业营销案例分析。另需提供案例形成过程说明、学校推荐意见、企业推荐意见(真实性承诺)等相关材料。

作品递交结束后,由组委会组织专家统一评审,按成绩决定进入决赛的团体名单。

2. 决赛

决赛分为笔试和现场答辩两部分。

笔试采用闭卷考试的形式进行,由参赛选手根据组委会提供的企业及其产品或服务的背景资料及有关要求进行案例分析。竞赛时间为 120 分钟,总成绩 100 分。

现场答辩内容主要为原创性营销案例作品分析,答辩顺序由抽签决定。每个参赛团队的答辩时间不超过 10 分钟,先由参赛选手进行陈述,然后回答评委的现场提问。答辩成绩由评委根据作品的原创性、规范性、科学性、创新性等指标以及参赛选手的综合素质和技能表现进行评定,总成绩为 100 分。

参赛团体的最终名次,依据各项成绩配分比例合成的总成绩进行排名,当出现成绩相同时,先比较决赛成绩,以成绩高者名次在前,若仍不能分出先后,取相同名次。团队的初赛成绩占 30%,笔试成绩占 30%,现场答辩成绩占 40%。